JOSEPH BIALOT

Im Winter werden die Tage länger

Buch

Mit dem Einmarsch der Deutschen in Frankreich beginnt 1940 für Joseph Bialot eine verzweifelte Odyssee – über Bordeaux in die Pyrenäen, zurück nach Lyon und Grenoble. Unter falschem Namen und mit gefälschten Papieren schließt er sich 1943 der kommunistischen Partei Frankreichs an. Plünderungen, Exekutionen und Deportationen treiben ihn in den Untergrund. Ein konspiratives Treffen im Juli 1944 wird ihm zum Verhängnis. Nach einer langen Reise gen Osten öffnen sich die Schiebetüren des Viehwagons auch für ihn zu dem unaussprechlichen Horror von Auschwitz-Birkenau. Lakonisch, nüchtern und distanziert beschreibt Bialot das Geschehen. Am 27. Januar 1945 befreien Soldaten der Roten Armee die wenigen Tausend Häftlinge, die die Nazis im Lager zurückgelassen hatten. Es ist tiefster Winter, doch Joseph Bialot – mehr tot als lebendig – bemerkt, dass die Tage allmählich wieder länger hell bleiben. Sein Überleben erscheint ihm wie ein Wunder. Wunder und Fluch zugleich.

Autor

Joseph Bialot, am 10. August 1923 in Warschau geboren, flieht 1930 vor antisemitischen Repressalien mit seiner Familie nach Frankreich. 1944 wird er in Grenoble mit gefälschten Papieren festgenommen. Einen Tag nach seinem 21. Geburtstag erfolgt die Deportation nach Auschwitz-Birkenau. Er überlebt die Hölle des Konzentrationslagers – seinen jüdischen Glauben verleugnend. Joseph Bialot lebt heute in Paris. Er veröffentlichte nach seiner Rückkehr nach Frankreich zahlreiche Kriminalromane. Fast 60 Jahre nach seiner Befreiung erst fand er die Sprache für seine Erinnerungen.

Joseph Bialot

Im Winter werden die Tage länger

Wie ich Auschwitz überlebte

Aus dem Französischen
von Michael von Killisch-Horn

GOLDMANN

Die Originalausgabe erschien unter dem Titel
»C'est en hiver que les jours rallongent«
bei Editions du Seuil, Paris.

Deutsche Erstveröffentlichung

Umwelthinweis:
Alle bedruckten Materialien dieses Taschenbuches
sind chlorfrei und umweltschonend.

Der Goldmann Verlag ist ein Unternehmen
der Verlagsgruppe Random House GmbH.

1. Auflage
Deutsche Erstausgabe Februar 2004

Umschlaggestaltung: Design Team München
Umschlagabbildung: Zefa/Allofs (06480001631)
Satz: DTP Service Apel, Hannover
Druck: GGP Media, Pößneck
Verlagsnummer: 15250
Redaktion: Svenja Geithner
KF · Herstellung: Sebastian Strohmaier
Made in Germany
ISBN 3-442-15250-X
www.goldmann-verlag.de

Frage an einen überlebenden Deportierten,
der nach drei Jahren Lager Rabbi wurde:
»Wo war Gott in Auschwitz?«

Gegenfrage:
»Wo war der Mensch?«

Für Gérard, für Gilles
und für meine ganze Familie

Vor einigen Jahren blätterte ich abends, während ich auf den Beginn der Fernsehnachrichten wartete, in einem Buch.

Ich hatte den Ton abgestellt und warf von Zeit zu Zeit einen Blick zum Fernseher.

Und da fesselt plötzlich, ohne Vorwarnung, ein Bild meine Aufmerksamkeit. Ein Komplex von Backsteingebäuden, Bäumen und Wachtürmen, umschlossen von Stacheldraht. Kein Zweifel, die auf den Bildschirm gebannte Szenerie ist die eines Lagers. Genauer: Auschwitz. Das Stammlager, Auschwitz I. Mein Aufenthaltsort 1944.

Ich wusste nicht, dass France 3 an diesem Abend *Aus einem deutschen Leben* brachte, einen Film nach dem Buch von Robert Merle.

Aber ein Detail fällt mir auf, macht mich stutzig: die Bäume!

»Wo mögen sie das gedreht haben? Diese Bäume gab es in Auschwitz I nicht.«

Da kommt es mir blitzartig wieder in den Sinn. Dieses blöde Gedächtnis. Es gab Bäume im Lager. Sie waren gerade gepflanzt worden, junge Setzlinge, die noch von Stäben gestützt wurden. Und mehr als vierzig Jahre später sind sie in den Himmel gewachsen.

Am nächsten Tag telefoniere ich mit einer Freundin, Isa C.,

die in Bergen-Belsen gewesen war, und erzähle ihr davon, noch immer erstaunt über meine Erkenntnis. Ihre Antwort kommt postwendend.

»Na und? Die Bäume sind eben nach unserem Tod gewachsen.« Die Berichte über die Deportation sind Legion. Sie türmen sich mittlerweile. Vergeblich. Alle Welt hört zu, niemand versteht. Vielleicht kann man über das Grauenhafte nur in Hieroglyphen schreiben, die bis heute noch nicht entziffert worden sind.

Trotz ihres Talentes haben die vier Autoren, die am genauesten über dieses höllische Magma berichtet haben, David Rousset, Robert Antelme, Primo Levi und, in etwas leichterer Form, André Lacaze, nur den sichtbaren Teil des Eisbergs beschrieben. Es scheint unmöglich, darüber hinauszugehen, es sei denn, man geht das Risiko ein zu fantasieren.

Es gibt in der Geschichte der Lager »etwas«, das bei den Überlebenden präsent ist, das aber mit menschlichen Worten weder definiert noch beschrieben werden kann. Der erlebte Tod kann nicht erzählt werden, ebenso wenig wie man direkt in die Sonne schauen oder endlos lange unter Wasser bleiben kann. Auschwitz kann nicht »in Worte gefasst« werden, ebenso wenig wie in Bilder oder Klänge.

Die letzte Etappe, ein polnischer Film von Wanda Jakubowska, der erste Versuch, vom Lager zu erzählen, war nichts als ein propagandistisches Sammelsurium, eine Ausgeburt des Stalinismus.

Schindlers Liste war ein Deportationsmelodram à la Hollywood, das nur durch die außerordentliche Sequenz gerettet wurde, die die Ankunft des Zugs in Auschwitz zeigt. Obwohl nichts den entsetzlichen Geruch der Angst wiedergeben kann, den lebendig verwesende Menschen absondern. Ein »Objektiv« ist dafür nicht geeignet.

In *Das Leben ist schön* hat Roberto Benigni die Gratwanderung nur geschafft, indem er der Realität märchenhafte Züge verlieh.

Art Spiegelman hat in *Maus* die Technik des Comics benutzt. Und Claude Lanzmann ist in seinem bemerkenswerten Film *Shoah* gezwungen gewesen, sich dem Thema von der Peripherie her zu nähern, indem er Zeugen zum Sprechen brachte. In gewisser Weise hat er einen Film ohne Bilder gemacht.

Alain Resnais enthüllt in *Nuit et Brouillard* (Nacht und Nebel) nur die physischen Folgen der Ausrottung, nie den Alltag, der »dazu« geführt hat. Und das gilt auch für jenen Kriegskorrespondenten der Alliierten, der einen erstaunlichen Dokumentarfilm über die Befreiung von Bergen-Belsen realisiert hat, den er ausschließlich in einer erschütternden Sequenzaufnahme drehte.

Die Kamera sieht, sie fühlt nicht. Sie kann nicht den Abgrund zeigen, der sich in jedem Individuum auftut, wenn es klarsichtig seine eigene Trauer zu leben beginnt. Nicht die Todesangst steht zur Debatte, sondern die unbeschreibliche »Sache«, der unaussprechliche Augenblick, in dem alle moralischen, religiösen oder anderweitigen Strukturen zusammenbrechen, die jeder während seines Lebens entworfen hat. Es ist der Zusammenbruch des eigenen Lebens, der sich nicht übersetzen lässt, dieser Moment, in dem jeder Deportierte eintaucht in … Ja, in WAS?

Dennoch habe ich wie andere versucht, es partiell zu schildern, in Romanen wie *La Gare sans nom*[1] oder *La Nuit du souvenir*[2]. Leider ist die Fiktion ein Zerrspiegel. Unaufbereitet, auf der Ebene des Faustschlags, den man in die Fresse bekommt, ohne nach Erklärungen zu suchen, muss man versuchen, spürbar zu machen, was nicht betrachtet werden kann, zu zeigen, was nicht gesagt werden kann.

In Auschwitz platzte von jedem Individuum auf brutale Weise jeglicher »zivilisatorische« Lack ab, der sich über Jahrtausende auf ihm aufgeschichtet hatte und der schon allein die Geschichte der Spezies seit dem Erscheinen des ersten Menschen auf der Erde zusammenfasste. Im Lager präsentierte sich jedes kleine Menschenwesen nackt unter einem riesigen Mikroskop, das millionenfach vergrößert die Niedrigkeit und die Größe des Menschen offenbarte. Feigheit und Heldentum, unbewusster Mut und gemeine Angst lagen dicht beieinander, ebenso wie die Gewalttätigkeit des Strolchs und die Heiligkeit von Mala, der Belgierin, die sich, wegen eines Fluchtversuchs zum Tod durch Hängen verurteilt, die Schlinge schon um den Hals, in einem letzten Aufbäumen vor versammeltem Lager die Pulsadern öffnete, den SS-Lagerführer ohrfeigte und sein Gesicht mit Blut beschmierte.

Ganz zu schweigen von unvorstellbaren Akten wie dem »NEIN« eines anonymen Franzosen, der sich weigerte, an Stelle des SS-Mannes seine Kameraden zu »selektieren«, oder der Geste jenes Lagergenossen, der, nachdem er einen

1 Paris, Editions du Seuil, 1998.
2 Paris, Gallimard, 1990.

ruhigen Posten gefunden hatte, eine Packung Kekse »kaufte«, um sie am Neujahrstag 1945 in der Krankenstation an seine Kameraden vom Transport zu verteilen.

Und vergessen wir auch nicht die von den Kommunisten organisierte Solidarität, das heldenhafte passive Sichabfinden der Ordensgeistlichen, den unablässigen Kampf der Politischen, eines Grüppchens roter Dreiecke, in der Verwaltung, die versuchten, den Alltag »erträglicher« zu gestalten, oder den Kampf bestimmter Ärzte, um das Leiden zu lindern, den Vater einer meiner Freundinnen, der sich – kein Einzelfall – gegen den unter Hochspannung stehenden Stacheldraht warf, aus Angst, innerlich zu zerbrechen, die Frauen von Birkenau, Mädchen aus ganz Europa, die untereinander eine Selbstlosigkeit bewiesen haben, die bei den Männern nicht zu finden war, und den Einfallsreichtum jenes neunjährigen Jungen, den ich hier Janek genannt habe. Im Lager war alles möglich, selbst das Unwahrscheinlichste. Ja, Auschwitz ist all das gewesen, eine unwahrscheinliche Wahrheit.

Jahre sind vergangen, aber ich habe Isa C.s Worte niemals vergessen.

Und in mir ist das Bedürfnis entstanden, Zeugnis abzulegen, ganz einfach, so wie es kommt, so wie alles zurückkommt, kunterbunt durcheinander, die Gesichter, die Orte, die Worte, die Gerüche, die Vorlieben, die Abneigungen; das Bedürfnis, von den Lagern zu sprechen, so wie man bei einem Psychoanalytiker auspackt, durch einfache Ideenassoziation, und das Leben zu erzählen oder vielmehr die Zeit des gelebten Todes und die Tage, die darauf folgten …

Jeden Winter überfällt es mich erneut. Jeden Januar durchlebe ich wieder die wahnwitzige Geschichte der Befreiung von Auschwitz. Das Lager war von einer Schneedecke überzogen, die ihm ein makelloses und unbeflecktes Aussehen verlieh; draußen frühlingshafter Sonnenschein, trotz der Eiseskälte, bei der die Sola, ein Nebenfluss der Weichsel, der am Lager vorbeifloss, zugefroren war. Samstag, den 27. Januar 1945, war es so weit, dass die Tage für mich und die kleine Gruppe von Leichen mit Galgenfrist, die zufällig zurückgeblieben waren, wieder länger wurden.

Joseph Bialot, Paris, 2001

»Schüttelt mich nicht,
ich bin voller Tränen.«

HENRI CALET, Peau d'ours

Odessa, 2. Mai 1945

Ein Aufheulen der Sirene noch. Nachdem das letzte Haltetau gelöst worden ist, wird ein flüssiger Raum zwischen dem Kai und der *Bergensfjord* sichtbar.

Langsam, ganz langsam vergrößert sich die Kluft, und der für Truppentransporte umgebaute Passagierdampfer hält auf die Fahrrinne zu: magisches Tor zum Schwarzen Meer, Richtung Bosporus und Istanbul, mit Endziel Marseille.

Das Schiff hat die Farben Norwegens gehisst, des Teils zumindest, der sich in diesem Krieg, dessen Ende jetzt abzusehen ist, an der Seite der Alliierten engagiert hat. Am Heck des Schiffs, Krieg ist Krieg, verleiht eine verhüllte Kanone dem Achterdeck ein surreales Aussehen.

Odessa verschwindet in der Ferne. Odessa, mythische Stadt, geschundene Stadt. Odessa, Durchreisestation für ein paar wenige Tage.

Mit den anderen Passagieren bin ich die Stufen zum Hafen hinuntergegangen, den ich nur vom Hörensagen kannte, da der *Panzerkreuzer Potemkin* vor dem Krieg in Frankreich nie gezeigt worden war.

Es ist die Stunde der Abschiede!

Des Abschieds von der Straße Auschwitz–Odessa, des

Abschieds von den Ruinen, die kilometerlang die Strecke von Krakau bis zum Schwarzen Meer säumen. Die Ruinen – neue Kilometersteine am Weg der Katastrophe. Osteuropa ist nur noch eins: ein Magma aus Schutt. Menschlichem, städtischem, religiösem, ideologischem. All das, was einem Menschen erlaubte, sein Dasein zu ertragen, alle Konventionen, alle Ideale, alle Glaubensüberzeugungen, wurde unter dem Nazismus zertrümmert, und geblieben ist nur noch ein riesiger Haufen Steine, Asche und Staub.

Stunde des Abschieds von der UdSSR, des Abschieds von dem unermesslich großen Volk eines unermesslich weiten Landes, des Abschieds von den Männern und Frauen, europäischen und asiatischen, denen ich im Laufe von drei Monaten und sieben Tagen begegnet bin. Ich habe mich nicht verrechnet, die Soldaten sind am 27. Januar ins Lager gekommen, und heute ist der 2. Mai 1945. Und ein letztes Lebewohl auch den toten Kameraden. Nein, kein Lebewohl, ein einfaches Auf Wiedersehen. Ich spüre, dass es mir niemals gelingen wird, sie aus meiner Erinnerung zu tilgen. Die Strafe der Überlebenden: mit sich, in sich die Schatten, die Bilder, die Gerüche, die Albträume herumzuschleppen. Seid gegrüßt, ihr Geister …

Es ist Nacht geworden, und das Schiff zieht ohne Licht seine Bahn auf einem weiten Meer. Auf Deck herrscht Rauchverbot, eine brennende Zigarette ist in der Dunkelheit weithin sichtbar, und wer weiß, ein letztes deutsches U-Boot könnte, hierher versprengt, seine Torpedos spazieren fahren.

Inspektion der *Bergensfjord*, des riesigen Schlafsaals, in dem

Hängematten neben gewaltigen Abortkübeln hängen, die das Erbrochene derer aufnehmen sollen, denen das Schaukeln des ehemaligen Passagierdampfers nicht bekommt. Er schlingert übrigens heftig, und die ersten Seekranken tauchen auf.

Abendessen. In dem Speisesaal, in dem ich meine Mahlzeiten bekomme, stehen Tische für vierzehn Personen. Erstaunlich! Ich sitze allein an meinem Tisch, die anderen sind, unter dem Seegang leidend, verschwunden.

Kreuzfahrt. Ich kehre aus einem deutschen Lager zurück und genieße ein eigenartiges Menü, das für Transporte der britischen Armee, denn das Schiff fährt zwar unter norwegischer Flagge, aber der Generalstab und die Mannschaft bestehen eindeutig mehrheitlich aus Briten.

Ich genieße mein Essen. Bei den Ruskofs habe ich zugenommen, so dass ich wieder aussehe wie ein Mensch. Inzwischen esse ich normal, scheinbar zumindest, denn ich zermahle die Nahrung nicht mehr wie ein Mühlstein. Ich habe aufgehört, wie ein ausgehungertes Tier zu schlingen. Erstes Anzeichen für eine Rückkehr in die Zivilisation … In Wirklichkeit habe ich in meinem Kopf ständig Hunger und denke ernsthaft, dass alle Nahrungsmittel der Welt niemals das abgrundtiefe Loch stopfen werden, das sich in meinem Magen gebildet hat. Ich glaube, ich werde nie ein Pawlowsches Glöckchen brauchen, um Speichel zu produzieren. Ich habe die Reaktionsschwelle gegenüber dem Hunger ein für alle Mal überschritten, und das hat mich fürs Leben gezeichnet.

Die anderen Tische sind besser bestückt, besetzt vor allem von einer bunt zusammengewürfelten Vielvölkergesellschaft. Französische und englische Kriegsgefangene, Überlebende aus den Lagern, ein paar holländische und belgische Staatsbürger, angeblich, aber wohl nicht wirklich, inkognito, ein paar kollaborierende Mörder der LVF[3] oder Polen der AK[4], die, wie sie sagen, die Roten fürchten und denen es gelungen ist, sich all diesen Reisenden ohne Gepäck anzuschließen, deren Kopf überquillt von Stößen, Bomben, Leichen, Bittschriften, Schreien, Tränen, Blut, Ruinen, von Sadisten, von den Blicken der Kinder, die keine Zeit mehr hatten, älter zu werden, die die Gewalt jedoch erwachsen gemacht hat, von Hungersnöten, Wunden, Bränden, von aufgeschlitzten Pferden, denen die Gedärme heraushängen, steifgefroren von der Eiseskälte auf der Straße nach Krakau, von Erinnerungen, voll gestopft mit den Ruinen von Jmerinka, den Panzerwracks, deren Metall, von dem die Farbe abgeplatzt ist, ebenfalls zu bluten scheint. Der Krieg.

Und dann eine Kreuzfahrt …

Ausgestreckt in meiner Hängematte, versuche ich zu schlafen. Unmöglich angesichts all dieser Seekranken, die in die Kübel kotzen, eine nicht enden wollende Parade. Ich wusste nicht, dass das Meer mir nichts ausmacht. Aber ich wusste vieles nicht vor meiner Verhaftung. Innerhalb der zwei Jahre, seit ich meine Familie verlassen habe, habe ich das unglaublichste Studium der »Humanwissenschaften« absolviert, das ein Mensch nur absolvieren kann.

Ich bin im Gefängnis volljährig geworden. In Zelle 21, Ge-

3 Légion des Volontaires Français contre le bolchevisme, Legion der französischen Freiwilligen gegen den Bolschewismus.

4 *Armia Krajowa*, der nichtkommunistische nationalistische polnische Widerstand.

bäude C des Gefängnisses Saint-Paul in Lyon, habe ich meinen einundzwanzigsten Geburtstag gefeiert. Am Tag darauf, dem 11. August, bin ich deportiert worden. Ich war jung, schön (zumindest in den Augen meiner Mutter), unerfahren in Liebesdingen, Idealist und gläubig.

Heimkehr … Ich bin so alt wie die Welt und noch immer unerfahren in der Liebe; ich habe das Ideal zum Teufel geschickt und Gott auf einen Spaziergang in den Wolken aus menschlicher Asche, die über Osteuropa liegen. Es stimmt, dass Reisen die Jugend bildet. Meine Bildung reicht für die Ewigkeit, und ich habe meine Jugend verloren. Und die Schönheit … Erst einmal abwarten, ob ich noch eine Familie habe, ob meine Mutter … Seit dem Sommer 44 haben wir uns aus den Augen verloren.

Ich ertrage das Geräusch des Erbrechens nicht mehr. Ich stehe auf, mache einen langen Spaziergang im Bauch des Schiffs und entdecke ganz hinten im Frachtraum das Bordgefängnis. Es ist leer, die Tür der Arrestzelle steht offen. Ich strecke mich aus und schlafe auf dem Brett, das als Bett dient, ein.

Seit ich das Lager verlassen habe, habe ich einige Bretter, Tische, irgendwas, als Ersatz für Bettrahmen und Matratze kennen gelernt. Am Anfang wacht man ganz zerschlagen auf und fragt sich, in wie viele Stücke die Knochen zerbrochen sind. Man zählt die losen Teile, dann gewöhnt man sich daran, und schließlich schläft man wunderbar direkt auf dem Boden, eine zusammengerollte Jacke unter dem Kopf.

*

Aufwachen im Morgengrauen.

Staunen über die sanften und heftigen Farben, die auf das Schiff zukommen. Da, vor dem Bug, liegt der Bosporus und bietet der verblüfften Gesellschaft des Passagierdampfers eine Landschaft aus Burgen, Villen, winzigen Häfen, an den Strand gespült über einem pastellfarbenen Meer. Auf Steuerbordseite liegt Europa, zur Linken beginnt Asien.

Die *Bergensfjord* gleitet in Zeitlupe in die Meerenge, inmitten einer nicht abreißenden Flut von Booten und Schiffen aller Art, grauen Torpedobooten, Fischerbooten, Frachtern. Ein vergessener Duft dringt vom Land herüber: Am europäischen Ufer blüht der Flieder, und sein Duft kitzelt unsere Nasen. Ein erster nichtmenschlicher Hauch für Menschen, die gewöhnt waren, seit Ewigkeiten nur noch den Gestank von Scheiße zu riechen, diese ganz spezielle, beißende Ausdünstung des Schmutzes, den Modergeruch des Todes und der Verzweiflung.

Alle Passagiere sind an Deck. Niemand oder fast niemand kannte den Bosporus, und die Menschen, die gerade vom Arsch der Welt hervorgekrochen sind, entdecken bei der Ankunft in Istanbul die Schönheit und den Frieden wieder.

Zwischenhalt.

Das Schiff liegt reglos da, und der Seegang des Schwarzen Meers ist vergessen.

Aufruhr. Eine Schar von Uniformträgern, Zivilisten (echte! keine ehemaligen Penner wie wir) sowie außer Rand und Band geratenen Menschen aller Art umringt eine weißhaarige Frau, die das Fallreep heraufkommt. Sie lächelt, und Hurra-Rufe ertönen. Wer ist das?

»Die Frau von Churchill!«, ertönt es aus der Menge.

Wahr, falsch? Jedenfalls bekommen die Untertanen Ihrer erlauchten Majestät Orangen geschenkt. Den anderen, darunter auch mir, bleibt dieses Dessert versagt. Wie schreibt man Frustration in einer Welt von Menschen, die vor ein paar Wochen noch vom Leben ausgeschlossen waren?

Die Ehrung der Helden aus dem jüngsten Krieg ist vorbei. Die Frau – es scheint, dass sie Lady Clementine genannt wird – und ihre Eskorte gehen wieder an Land.

Die *Bergensfjord* fährt weiter in Richtung Dardanellen, die wir in der Dunkelheit passieren.

Zweite Nacht im Frachtraum. Simon hat sich mir angeschlossen. Auch er erträgt das Kommen und Gehen im Schlafsaal nicht.

Simon …

Vor drei Monaten kannte ich ihn noch nicht. In Block 19, einem der vier Gebäude, die den Krankenbau bilden – den KB oder HKB, den Häftlingskrankenbau, das Krankenhaus des Stammlagers Auschwitz I –, bin ich ihm begegnet.

Simon ist weit über vierzig, und er ist ziemlich am Ende. Nicht körperlich, aber innerlich ist er ein gebrochener Mann. Sein gesundes Aussehen, sein geschmeidiger Körper täuschen darüber hinweg, aber das sind nur noch Hüllen, die die Leere verbergen. Er wirkt ganz normal, mein Kumpel, aber als er aus Paris deportiert wurde, mit Frau und Tochter, hat er gesehen, wie sie im Augenblick der Trennung an der Rampe[5]

5 Der Bahnsteig, an dem die Transporte in Auschwitz-Birkenau II ankamen.

auf einen Lastwagen stiegen. Seitdem wusste er, was das Angebot, das die SS-Männer den Schwachen, den Alten und den Kindern machten, bedeutete.

»Diejenigen, die erschöpft sind, können auf die Lastwagen steigen. So kommen sie schneller und bequemer ins Lager.«

Als er mir das eines Abends unter Tränen erzählte, erinnerte ich mich an meine Lehrzeit als Pseudokatholik unter der Besatzung. Damals erschien es mir logisch, meine falsche Identität durch ein paar Kenntnisse der Evangelien zu stärken. Und ich las ... »Selig sind, die da Leid tragen, selig sind, die da hungert und dürstet, die reinen Herzens sind; denn sie werden Gott schauen ...« Ja, sie haben ihn schneller geschaut, als ihnen lieb war.

Simons Familie hat das Lager nicht kennen gelernt. Vom Wagon in den Ofen auf dem üblichen Weg durch die Gaskammer.

Ja, Verzweifelte habe ich einige kennen gelernt. Bei ihm äußert sich das in einem nahezu ununterbrochenen Schweigen. Nur wenn es einem gelingt, ihn für kurze Zeit aus seiner Stummheit zu reißen, entdeckt man, wie verletzt er ist. Ich glaube, er ist verrückt, mein Freund Simon, ein wenig verrückter als diejenigen, mit denen ich seit Monaten verkehre; aber wer kann schon behaupten, das Lager geistig gesund überstanden zu haben?

Simon fand mich sympathisch, und ich bin eine Art Sohn oder jüngerer Bruder für ihn geworden. Wir haben Auschwitz gemeinsam verlassen und sind seitdem zusammengeblieben.

»Hast du eine Zigarette für mich?«

»Nein, die sind aus, zu Ende. Ich hab die letzte Philip Morris geraucht, bevor ich an Bord gegangen bin, und jetzt hab ich keine einzige mehr.«

In Odessa haben die Russen uns für die Heimkehr ausgestattet. Keiner in der Gruppe der Deportierten trägt jetzt mehr den gestreiften Lagerpyjama.

Ich laufe in der Sommeruniform der Roten Armee herum, mit einer *Rubaschka*[6], deren Knöpfe Hammer und Sichel zieren, knöchellangen Reiterhosen und Wickelgamaschen. Endlich keine Lagermütze mehr. Jetzt schmückt die Feldmütze der Sowjets, verziert mit einem wunderschönen roten Stern, meinen Schädel.

Da meine Halbstiefel nicht mehr brauchbar waren, habe ich merkwürdige und bequeme Schuhe bekommen, britische, wie es scheint, die sie Clarks nennen, und wir brauchen endlich den *Machorka* nicht mehr zu rauchen, dessen Zusammensetzung mir stets ein Rätsel geblieben ist: War es Tabak? Baumrinde? Wenn man ihn raucht, hat man jedenfalls das Gefühl, man inhaliert ein Beizmittel. Es ätzt einem alles weg zwischen Mund und Bronchien. Und, Überraschung, ich habe die amerikanischen Zigaretten entdeckt, Philip Morris, in karamellfarbenen Verpackungen. Quelle? Die amerikanischen Hilfsgüterlieferungen für die UdSSR.

Das Verlangen nach Zigaretten quält uns, Simon und mich. Keine Statistik wird je Auskunft darüber geben, wie viele Deportierte die kurze Lebenszeit, die ihnen bewilligt

6 Die *Rubaschka* ist das traditionelle russische Hemd mit Knopfleiste auf der Schulter.

war, noch einmal dadurch verkürzt haben, dass sie im Lager ihre Brotration gegen Tabak eingetauscht haben. Ein Grund mehr, zu rauchen, jetzt, wo wir frei sind; hier verkürzen wir nur die Langeweile, wenn wir einen Glimmstängel paffen.

Die englische Militärkantine an Bord verkauft Woodbines, aber nur gegen klingende Münze. Wir haben nicht eine russische Kopeke, nicht einen französischen Centime, nicht einen polnischen Grosz[7], und erst recht keine englischen Pfunde. »Kein Geld, keine Schweizer …«, sagte man im 18. Jahrhundert. Hier gilt die gleiche Regel wie damals für die Soldaten: kein Geld, nichts zu rauchen!

»Wart mal, ich weiß vielleicht eine Lösung. Wodka!«

Als er an Bord ging, war es Simon gelungen, an den russischen Bullen mit den grünen Schirmmützen vom NKVD[8] eine Flasche Wodka vorbeizuschmuggeln, die er am Bahnhof von Jmerinka auf dem Bahnsteig von einem Ukrainer erstanden hatte, im Tausch gegen eine gestreifte Häftlingsjacke. Es ist sein zweites Wodka-Abenteuer. Das erste hatte er in Krakau.

Wir hatten gerade erfahren, dass es in Lublin, der provisorischen Hauptstadt Polens, eine französische Militärmission gab, die von einem gewissen Major Fouchet geleitet wurde, der sich unter anderem um die Rückführung der Franzosen kümmerte, die zu Tausenden im Südwesten des Landes herumirrten, und wir hatten beschlossen, dorthin zu fahren.

7 Der hundertste Teil eines Zloty, der polnischen Währung.
8 Sowjetisches Volkskomitee für innere Angelegenheiten.

Aber wie? Die polnischen Schienenwege existierten praktisch nicht mehr. Keine Zugverbindung nach Krakau. Das einzig mögliche Transportmittel waren die Lastwagen der Sowjetarmee. Und die einzige Währung, die die russischen Trosssoldaten akzeptierten, war Alkohol. So schwankt die Währungseinheit eben je nach Ort und Stunde. In Auschwitz war die Zigarette das Zahlungsmittel.

Und hier waren wir jetzt auf der Jagd nach Wodka. Geld? Hatten wir nicht. Simon sagt zu mir: »Du wirst deine Jacke verkaufen!«

Meine Jacke! Ein Prachtstück. Meine Klamotten, der einzige Besitz, den ich mit meiner Haut aus dem Lager gerettet habe. Und die Kleidung ist mehr wert als sie. Seit ich in Freiheit herumwandere im Land des Todes, hat sich meine Werteordnung verschoben.

Meine Jacke! Ich habe sie in Auschwitz aufgetrieben. Als ich wieder Zivilkleidung tragen durfte, hatte ich die Qual der Wahl in dem riesigen Depot, in dem die Kleider der Verstorbenen aufbewahrt wurden. In dieser außergewöhnlichen Garderobe, diesem gigantischen Lagerhaus für die Leichentücher von Gespenstern, fand ich Klamotten in meiner Größe, und als ich das Lager verließ, trug ich übereinander drei Seidenhemden, die ich dort aufgestöbert hatte, außerdem einen dicken Pullover und eine wunderschöne Jägerjacke. Und über dem Ganzen einen dieser gefütterten Mäntel, wie man sie nur in den Ländern des ewigen Eises findet. An den Füßen trug ich Halbstiefel aus Ziegenleder, eine wahre Wonne nach den Latschen im Konzentrationslager, aber nicht so recht geeignet für den polnischen Schnee.

Meine Jacke verkaufen … Es zerreißt mir das Herz. Aber

es gibt keine andere Lösung, wenn wir das Babel Galiziens verlassen wollen. Und so treiben wir uns jetzt auf dem Markt von Krakau herum, auf der Suche nach dem Gral, der uns nach Lublin führen soll: Wodka.

Krakau … Alle Übriggebliebenen, die durch den Krieg befreit wurden, alle Verhafteten, die Mobilisierten, die exilierten Proleten der Zwangsarbeit sowie die Freiwilligen, das Strandgut der Massenfluchten des Ostens, die Überlebenden aus den Rattenlöchern, die in den Ghettos gegraben wurden, um den SS-Männern zu entkommen, alle sind sie hier, an jeder Kreuzung, in jeder Gasse.

Man begegnet Visagen aus ganz Europa, Kreuzungen aus nordafrikanischen Gesichtern, solchen mit slawischen Backenknochen, leicht geschlitzten Augen mit Schattierungen, die vom fast durchsichtigen Blau bis zum tiefsten Braun reichen. Die Haare zeigen alle Farbtöne, von Hellblond bis Tiefschwarz, aber besonders zahlreich sind die rasierten Schädel der Überlebenden der Stalags und Lager.

Die Gestalten, sehr jung bisweilen und in Lumpen gekleidet, verblichene Uniformreste, unbeschreibliche Fetzen, sind zum größten Teil dünn, ja mager. Niemand kann sich satt essen, und das sieht man.

Es schnattert, furzt, gurrt und rülpst auf Russisch, Lettisch, Ungarisch, Französisch; man beschimpft sich auf Deutsch, auf Polnisch, singt auf Englisch, Norwegisch, Italienisch vor sich hin, aber alle verstehen sich, sprechen dieselbe Sprache: Sich durchschlagen lautet die Losung des Tages für all diese Ausgestoßenen, die nie gedacht hätten, dass es sie einmal hierher verschlagen würde.

Die Schlacke des Kriegs besteht nicht nur aus Leichen und Ruinen, aus Schreien und Wut, aus Blut und Tränen, aus Scheiße und Sperma, sondern auch aus Männern, Frauen und Kindern, die, da sie nur noch eine schemenhafte Vergangenheit haben, versuchen, in der Gegenwart zu überleben, ohne sich um das Morgen zu kümmern. Und sie sind zahlreich, in Krakau, die Anwärter auf das tägliche Überleben.

Jeden Augenblick entdecke ich ein Patchwork aus Menschen, in dem jeder Einzelne ein *Krieg und Frieden, Die Elenden* oder seine persönliche Reise ans Ende einer Nacht erzählen kann, die noch nicht vorbei ist, ganz zu schweigen von den Experten der neun Höllenkreise. Aber Dante hat selbst nicht gewusst, dass die wahren Höllenkreise unendlich, undefinierbar und endlos sind. Das ist das Einzige, dessen ich einigermaßen sicher bin auf diesem Passagierdampfer, der mich über das Mittelmeer fährt und von dem aus ich die Fluten entdecke. Das Meer habe ich zum ersten Mal in Berck gesehen, um mich herum im Departement Pas-de-Calais, als Kind, und ich war zum ersten Mal geblendet; aber ein Wasser wie dieses, ein so strahlender Himmel, eine so berauschende Sonne scheinen mir unvorstellbar nach dem Verschwinden der Farben. Im Lager herrschte nur ein monochromes Grau-in-Grau. Und hier schwimmen wir in einem Regenbogen.

Zur Rechten der *Bergensfjord* wird eine Küstenlinie immer deutlicher: eine griechische Insel der Ägäis. Ich erinnere mich an einen Weihnachtsabend, meine Begegnung mit einem Juden aus Saloniki. Die unablässige Reise zu den Verbrennungsöfen, die SS-Leute und das für einen Mittelmeerbewohner entsetzliche polnische Klima haben nicht viele griechische Juden überlebt.

Wie nicht wenige von ihnen sprach er perfekt Französisch. Wir waren uns sympathisch und sprachen über unsere Heimatländer. Es war Weihnachten, nicht wahr … Er sah mich an, ergriff meine Hand, schob den Ärmel meiner Jacke hoch, entblößte mein bereits ziemlich knochiges Handgelenk und sagte lachend:

»Du wirst ganz leicht brennen, dürr wie du bist!«

Auch er ist im Chaos verschwunden. Und ich halte den Blick fest auf die Inseln dieses Traummeeres gerichtet, wenn sie am Horizont auftauchen.

Krakau.

Am Ende des Großen Platzes, in der Nähe der Adelspalais, die einst von Österreichern bewohnt wurden (Krakau war lange das Kleinod des österreichischen Galiziens), legt eine Kolonne deutscher Gefangener, die ins Hinterland marschieren, eine Pause ein: Wehrmachtssoldaten, für die der Krieg früher als für die anderen zu Ende gegangen ist. Gesunde, Hinkende, Männer, die Verbände tragen oder den Universalorden. Polen kommen vorbei, bleiben stehen, brüllen Beschimpfungen, spucken den Besiegten ins Gesicht. Ich hasse die Deutschen, empfinde aber dennoch eine gewisse Betretenheit. Kein Mitleid, nein, das ist ein Wort, das für mich in dieser Zeit keinen Sinn besitzt, einfach nur Betretenheit. Die Sieger der dreizehnten Stunde, derjenigen, die auf die Einstellung der Kampfhandlungen folgt, der Augenblick, in dem selbst die Drückeberger zu Helden werden, sind in allen Ländern der Welt gleich. Die Wachen der Eskorte lassen sie gewähren.

Die Stadt ist unzerstört. Eine Stadt in Polen, die nicht zerstört worden ist, hat in diesen Tagen etwas Märchenhaftes. Angesichts all der Bomben, des Ein- und Abzugs aller möglichen Armeen, der Angriffe und ihrer Abwehr, der Gegenangriffe, denen neue Angriffe folgten, und so fort, angesichts der verschiedenen Partisanengruppen, der brennenden Dörfer, der Ruinen des Warschauer Ghettos und später der Trümmer, die die Sprengung der ganzen Stadt im August 1944 hinterlassen hat, ist es das reinste Wunder, dass Krakau immer noch steht.

Eine Stadt, die sich nach wie vor im Glanz ihrer Monumente sonnt, dem Wawel, der Residenz der polnischen Könige, und ihrer beiden Plätze, des Glowny und des Maly Rynek, getrennt durch eine sehr elegante große Markthalle.

Die russischen Lastwagen warten schon in schnurgerader Reihe auf dem Glowny Rynek, dem Großen Platz, auf ihre Dienstbefehle. Da steht er, unser *Orientexpress*, unser Schiff in die Zukunft, versteckt zwischen seinen Brüdern, diesen Dutzenden von Fahrzeugen mit klobiger Schnauze, den amerikanischen GMCs. Jetzt müssen wir nur noch in die Gänge kommen.

Die russischen Soldaten sehen aus wie alle Männer in Uniform, wenn sie gerade nicht kämpfen und nur versuchen, die Polen anzulocken, die über den Platz gehen. Gerüchten zufolge hatten sie angeblich während der Feindseligkeiten keinen Urlaub, und man kann sich die Abwehr dieser kräftigen Burschen leicht vorstellen.

Einer von ihnen zeigt Uhrarmbänder, die seine beiden

Handgelenke schmücken. Es ist ein wahrer Rausch, eine richtige Besessenheit, die die Kämpfer gepackt hat: unbedingt eine Uhr zu ergattern. Und viele denken an nichts anderes. Nicht die Tressen, nicht die Orden sind wichtig, sondern die Uhren. Die Soldaten, denen ich begegne, protzen häufig mit zwei, ja sogar drei Armbanduhren an jedem Unterarm.

Auf der Straße übt sich ein Russki darin, ein Fahrrad zu besteigen, das er wer weiß woher hat. Anfangs amüsierten sich alle über diesen Anblick, aber inzwischen ist es ganz normal, einen Iwan zu sehen, der versucht, ein Fahrrad zum Fahren zu bringen, hinstürzt und den Drahtesel von sich schleudert, laut schimpfend, das Material tauge eben nichts, »bei uns dagegen würden die Fahrräder funktionieren«. Es geht das Gerücht, diese Art von Fortbewegungsmittel sei in der UdSSR so gut wie unbekannt, und die Kämpfer der Roten Armee hätten es zum ersten Mal gesehen, als sie in Polen einmarschierten. Was ein heftiges Dementi der überlebenden Kommunisten nach sich zieht, für die eine derartige Behauptung an Blasphemie oder oberflächlichen Antikommunismus grenzt: »Wie bitte? Keine Fahrräder in der UdSSR, keine Armbanduhren? Du hast sie wohl nicht alle, du dreckiger Handlanger des Kapitalismus!«

Und ich, blöd wie ich bin (mein einstiger Militarismus hat seine Spuren hinterlassen), denke wie sie. Wie kann man auch nur einen Augenblick annehmen, das Land, das der Wehrmacht soeben mit ihren T-34 und Katjuschas, Yaks und Stormowiks das Genick gebrochen hat, ganz zu schweigen von seinen Millionen an der Front ums Leben Gekommenen, habe nicht in die Fahrradindustrie investiert oder der Schweiz in Sachen Armbanduhren Konkurrenz gemacht?

Ich habe niemals so viele Männer gesehen, die versuchen, auf ein Fahrrad zu steigen, »das nicht funktioniert«, und ich habe niemals ebenso viele junge Burschen gesehen, die hinfliegen und wütend wieder aufstehen.

Überall, in den Straßen im Zentrum wie auf den Märkten, ein einziges Aneinandervorbeilaufen von Menschenmengen. Ja, von Menschenmengen im Plural, denn die Franzosen bleiben unter sich, und das Gleiche gilt für alle Staatsbürger des besetzten und besiegten Europas. Man begegnet sich, ruft sich manchmal etwas zu, aber jeder bleibt reserviert, es sei denn, er will etwas zu essen oder irgendein Erzeugnis kaufen.

Die Menschenströme auf dem Platz bilden einen riesigen, gurgelnden Fluss, der in Zeitlupe dahinfließt.

Das Zurückweichen der Deutschen hat auf dem Sand das menschliche Strandgut des Kriegs zurückgelassen, die Überlebenden der furchtbaren, glühenden Fontänen der Nazieruptionen. Krakau ist nur noch der Auswurfkegel eines Vulkans und wird von der Lava aller Städte überschwemmt, die ohne Ansehen der Nationalität niedergebrannt wurden. Die Deportierten aus einigen Bergwerken Schlesiens, die immer noch ungläubig dreinblicken, die Verhafteten aller Länder, die aus den Lagerfabriken kommen, die Verlierer aus den verschiedenen europäischen Schlachten in den ersten Kriegsjahren, die aus ihren Stalags befreit wurden, die wenigen Neinsager, die aus eigener Kraft aus den Ghettos entkommen sind, die Kämpfer des polnischen antikommunistischen Widerstands, die ihre »Befreier« fürchten, die Frauen, deren

Sex- und Liebesabenteuer, die sie in »anderen« Ländern begonnen haben, sehr unglücklich enden, die verschleppten Familien, die Flüchtlinge, die die Bombenangriffe überlebt haben, die Deserteure jeglicher Couleur, sie alle sammeln sich in Krakau. Die Bevölkerung von Krakau hat sich verdoppelt, vielleicht verdreifacht, es gibt keine Statistiken darüber. Außerdem vergrößern die allgegenwärtige Rote Armee und die Unmengen von Konvois, die zur Front unterwegs sind, den menschlichen Mahlstrom und bilden einen barocken Völkerbund, in dem alle Schreie, Beschimpfungen, Beleidigungen durcheinander schwirren und sich vermischen.

Zivilisten, die eine rotweiße Armbinde (die wiedergewonnenen Nationalfarben), geschmückt mit den Buchstaben PPR[9], und ein Gewehr über der Schulter tragen, fungieren als Bullen und gewährleisten einen Anschein von Ordnung.

Neben Französisch spricht oder radebrecht Simon Deutsch, Russisch und Polnisch. Er erkundigt sich und erklärt mir, was die PPR ist. In Wirklichkeit bilden die Aktivisten der polnischen kommunistischen Partei ihre Basis. Dabei war in diesem Land des übersteigerten Ultrakatholizismus – das jahrhundertelang nur von der Religion zusammengehalten wurde und das von einem grimmigen Nationalismus durchdrungen ist, der auf seine lange Vergangenheit der Nichtexistenz, der Sprachlosigkeit (unter den Zaren war der Gebrauch der polnischen Sprache verboten) und des Keine-Nation-Seins zurückgeht – der Marxismus vor dem Krieg zu keiner Zeit besonders geschätzt.

9 *Polska Partia Robotnicza:* Polnische Arbeiterpartei.

Die Franzosen entdecken hingerissen die Schönheiten der Sprache Chopins und stecken sich voller Begeisterung die Adresse einer Bäckerei zu, wo eine blonde Verkäuferin sie mit einem Lächeln empfängt und *»Bez monki«* zu ihnen sagt, wenn sie auf eines der zum Kauf angebotenen Gebäckstücke deuten. Der Ausdruck macht die Runde in der ganzen französischen Kolonie: *Bez monki,* was sie natürlich »Baise mon cul«[10] aussprechen. Aber niemand ist neugierig genug, sich diese beiden Worte übersetzen zu lassen, die nichts anderes bedeuten als: »Ohne Mehl«.

Trotz des Kriegs quellen die Marktstände über von Nahrungsmitteln. Man könnte meinen, die Bauern der Gegend hätten sich, wie bei uns, mit der Rationierung zu arrangieren gewusst. Es fehlt nur das Geld.

Der Schwarzmarkt bestimmt alles. Und der Herrscher über dieses Armenhaus ist ein Franzose, den es in diese Gegend verschlagen hat. Einer aus der Auvergne, der Polnisch spricht, ist selten. Die Beherrschung dieser schwierigen Sprache macht ihn zu einem hohen Tier. Er ist ein Bauer aus der Gegend von Saint-Flour, der hier den größten Erfolg seines Lebens erlebt: Der Krieg hat einen König aus ihm gemacht! Er schenkt uns ein freundliches Lächeln und schickt uns zu einem Burschen, dem er ein Zeichen gibt.

Dieser nimmt uns beiseite, zieht uns in einen Hof und holt eine Flasche Wodka aus einem Versteck: der heiß begehrte Wodka.

Mit einem winzigen Taschenmesser, das er sich im Lager verschafft hat, ritzt Simon eine ganz kleine Öffnung in den

10 »Küss meinen Arsch.« [Anm. d. Ü.]

Korken. Der Verkäufer versteht und lässt ihn gewähren. Ich sehe neugierig zu. Simon gelingt es, ein paar Tropfen Alkohol herauszubekommen, und führt sie zum Mund. Er nickt zufrieden. Es ist wirklich Wodka und kein Gänsewein aus dem nächstbesten Springbrunnen.

Die Transaktion. Meine Jacke ist ein Vermögen wert, denn wir ziehen mit der Flasche und einigen Hundert Zloty ab.

»Schön, also fahren wir?«

»Wohin willst du denn fahren?«

»Nach Lublin natürlich.«

Simon sieht mich an, als sei ich hochgradig verrückt.

»Du willst jetzt gleich fahren, einfach so?«

»Aber ja! Wir haben kein Gepäck und brauchen uns von niemandem zu verabschieden.«

»Großartig. Wir gehen also zum Rynek, verhandeln mit einem Russen, und dann … Ja, was dann?«

»Na, auf nach Lublin.«

Mitleidiges Kopfschütteln. Ich spüre, dass ich mich vergaloppiere, aber ich verstehe nicht, warum.

»Denk doch mal nach, du Dreckskerl. Wir gehen zum Platz, wir bieten die Flasche Schnaps an, und der Russe nimmt uns mit. So stellst du dir das doch vor, oder?«

»Ja, genau.«

»Er nimmt uns zwar mit, aber nach zehn Kilometern setzt er uns wieder ab. Hast du daran mal gedacht?«

Ich gebe zu, dass ich nicht daran gedacht habe.

»Was machen wir also?«

»Wir kehren zu den *Schwestern* zurück und füllen den Wodka in kleine Fläschchen um. Jedes Fläschchen ist zwischen zehn und zwanzig Kilometer wert. Kapiert? Nimmst du uns mit, Kamerad? Wunderbar, ein Wodka für Iwan und ein schönes Stückchen Weg für meinen Kumpel und mich. Einverstanden? *Spassiba, Towarischtsch*[11]!«

Ich hab kapiert. Und wir kehren zurück in die Nr. 2 der *Ulica* – ausgesprochen Ulitza – Smolenska, Smolenska-Straße, in ein Kloster, in dem polnische Nonnen leben, die Simon liebevoll »Schwestern« nennt.

Aber dann verlassen wir Krakau doch nicht. Nachdem es uns gelungen ist, unseren Liter Alkohol in eine Reihe von kleinen Flaschen umzufüllen, die wir in einem Brotbeutel verstauen, kehren wir zum Platz zurück, um einen Militärfahrer zu suchen. Eine Ration Wodka für zwanzig Kilometer, damit müssten wir schon bis Lublin oder zumindest bis in die Nähe kommen.

Und während wir über das Pflaster schlendern, spricht uns eine Frau an.

»Franzosen?«

»Ja, Sie auch?«

»Nein, ich bin Polin, geflüchtet aus Warschau. Ich habe Französisch an einem Gymnasium in der Stadt unterrichtet.«

»Und warum sind Sie hier?«

»Wissen Sie denn nicht, dass es unsere Hauptstadt nicht mehr gibt?«

Nicht die geringste Ahnung.

»Nach dem Ghettoaufstand im April 43 und der vollstän-

11 »Danke, Genosse!«

digen Zerstörung des Ghettos ist das Leben in Warschau in eingeschränkter Freiheit weiter gegangen. Im Juli 44 sind dann die Roten nach Praga gekommen, am gegenüberliegenden Ufer der Weichsel, nur einen Steinwurf von der Stadt entfernt. Der Widerstand hat zum Aufstand gegen die Besatzungsmacht aufgerufen, in dem Glauben, die Russen würden sofort einschreiten.«

»Und?«

»Und? Nicht den kleinen Finger haben die Roten gerührt.«

»Und warum nicht?«

»Sie haben die Deutschen tun lassen, was sie selbst hätten tun müssen, nämlich den nationalen Widerstand der AK liquidieren. Das Ergebnis … Warschau, Straße für Straße, Haus für Haus von den Nazis in die Luft gesprengt, existiert nicht mehr. Deswegen bin ich in Krakau. Und woher kommen Sie?«

»Aus Auschwitz. Oświęcim, wie Sie sagen.«

»Ich verstehe. Und Sie warten auf das Ende des Kriegs, um nach Hause zurückzukehren, nicht wahr?«

»Sie merken aber auch alles.«

»Wo wohnen Sie?«

»Bei den Nonnen in der Smolenska-Straße.«

»Was würden Sie dazu sagen, in einer richtigen Wohnung zu wohnen?«

»Aber … die sind doch nicht zu finden, und außerdem besitzen wir nichts. Nicht einen Grosz, gar nichts! Miete können wir nicht zahlen.«

»Das ist kein Problem. Ich habe eine Wohnung, die mir als Flüchtling zugewiesen wurde, in der ich aber aus familiären Gründen im Augenblick nicht wohnen kann. Ich fürchte, die

Roten werden sie mir wegnehmen, weil sie leer steht. Das machen sie systematisch, um dort die …«

Mit dem Finger deutet sie auf die gewaltige Menschenmenge, die unablässig auf dem Platz unterwegs ist. »Es gibt einfach zu viele Flüchtlinge in Krakau. Wenn Sie einverstanden sind, dann stelle ich Ihnen die Wohnung zur Verfügung und übernehme sie wieder, wenn Sie abreisen. Der Krieg wird bald vorbei sein, die Roten nähern sich Berlin, und die Amerikaner rücken im Westen vor. Abgemacht?«

Simon schaltet sich ein.

»Aber sehen müssten wir die Wohnung schon …«

»Kommen Sie mit.«

Wir landen, mitten im Stadtzentrum, in einem ehemaligen Gebäude der deutschen Polizei. Das Haus ist unbewohnt; aber Treppen und Flure sind übersät mit Abfall, Munition, Bergen von Papier und allem möglichen Unrat.

Wir ziehen sofort ein. Und so wohnen wir jetzt, nach der Zeit in den Lagerblocks, in einer modernen Wohnung.

In unserer Unterkunft gibt es keinen Strom. Er ist abgestellt aus Gründen, die ich nicht kenne. Das Mobiliar besteht aus Feldbetten, einem Küchentisch und drei Stühlen. Ein wahrer Palast. Bei den *Schwestern,* die uns bis dahin beherbergten, schliefen wir auf Bänken.

Von den Nonnen verpflegt und untergebracht, nehmen die Dinge eine merkwürdige Wendung für Simon und mich. Wir werden allmählich wieder zu »normalen« Menschen. Und dann treffe ich auf dem Rynek, »dem letzten Salon, in dem man Konversation betreibt«, Armand und Henri wieder, die eine so wichtige Rolle für mich gespielt haben.

Simon bietet ihnen an, bei uns zu wohnen. Sie nehmen die Einladung mit Freuden an, und nun wohnen wir zu viert kostenlos in der Wohnung der Französischlehrerin.

Den Wodka haben wir mit den Freunden getrunken. In kleinen Dosen, an den Abenden, an denen wir Trübsal bliesen. Aber eigentlich waren alle Abenddämmerungen trüb. Der Krieg war noch nicht vorbei, und jeder von uns versank noch einmal in seiner Nacht mit ihren Gespenstern, seiner Familienvergangenheit und seiner lichtlosen Zukunft.

Da wir keine elektrische Beleuchtung hatten, trieb Simon ein Bleirohr auf, das er zurechtbog und dann mit dem Anschluss der Gasleitung verband; dadurch entstand eine Art Fackel, die uns vor dem Schlafengehen Licht spendete. Das hätte uns beinahe das Leben gekostet. Eines Nachts war die Flamme, die uns Licht lieferte, ausgegangen, und das Gas strömte weiter aus. Wenn Simon nicht aufgestanden wäre, um pinkeln zu gehen, wären wir alle vier erstickt. Vergast, nachdem wir Auschwitz entronnen waren! Was für ein Schicksal!

In diesem Dämmer versanken wir wieder in der Angst und Melancholie, die uns alle umfingen.

Wenn wir einen vollen Magen hatten, kehrte für jeden von uns der Gedanke an seine Familie zurück, gleich einer Obsession, quälend wie eine offene Wunde. Armand hoffte, die Seinen wiederzusehen, Henri wusste nichts von seinen Eltern. Ich für meinen Teil hatte meinen engsten Familienkreis in Grenoble zurückgelassen und tappte vollkommen im Dunkeln. Wir hatten das Gefühl, durch eine Stadt zu laufen, in der jede Straße in einem Abgrund endete. Nur Simon wusste, dass er mittlerweile Vollwaise war und dass nichts in Paris auf ihn wartete, abgesehen von dieser Verzweiflung, die er in Tränen und Wodka ertränkte.

Wir hingen in der Luft. Das Lager war nur einen Steinwurf entfernt, wir trugen es unauslöschlich in uns. Wir waren keine jungen Burschen mehr, sondern Raubtiere, die auf die geringste verdächtige Bewegung lauerten, immer wachsam, fähig, die Angst zu wittern, noch bevor sie spürbar wird. Wie dieses Summen von Bienen, das die Bergbewohner hören, bevor der Blitz einschlägt. Wir kamen nicht aus dem Gefängnis, sondern traten aus einer nie zuvor gesehenen Welt heraus und tauchten ein in das »normale« Leben einer Großstadt. Alice im Land des Unwahrscheinlichen, Alice, die verkehrt herum durch den Spiegel geht, um sich in einer Welt wiederzufinden, in der keiner von uns sich mehr zu orientieren vermochte. Und als Kontrapunkt das unbändige Verlangen nach Wärme, nach Nahrung, nach Leben. Was Zärtlichkeit bedeutete, das wusste keiner mehr. Tatsächlich gab es eine Solidarität der Überlebenden, die einzige Landmarke in unserer Ödnis verirrter Seefahrer.

*

Wie kann ein Meer eine solche Palette von Blautönen haben? Wenn ich nicht zum Arbeitsdienst eingeteilt bin, verbringe ich meine Zeit an Deck und werde nicht müde, das Kielwasser zu betrachten, das die *Bergensfjord* wie einen Brautschleier hinter sich herzieht.

Simon hat sich mit einem jungen englischen Matrosen angefreundet, der seinen Geburtstag feiert und ihn begießen möchte. Aber Alkohol ist an Bord verboten.

Überraschung! Mein Mannschaftskamerad kommt freudestrahlend zu mir, öffnet eine Schachtel Woodbines, zündet eine Zigarette an und reicht sie mir. Ich sehe ihn verblüfft an.

Simon steckt die Hand in die Tasche und holt ein paar Geldscheine und Münzen heraus.

»Wir werden bis Marseille rauchen können.«

Er erklärt es mir, aber ich habe bereits verstanden. Er hat den ukrainischen Alkohol verkauft. Den guten Hausschnaps, den die Bauern aus dem Gebiet von Jmerinka schwarzgebrannt haben. Nicht zu vergleichen mit dem Wodka, den wir in Krakau getrunken haben.

Alle sind glücklich. Der Engländer kann sich besaufen, weil er ein Jahr älter geworden ist, und wir werden den Tabak Ihrer erlauchten Majestät genießen können.

Am nächsten Tag die Katastrophe! Ich weiß nicht, woraus der Schnaps bestand, den Simon dem Matrosen gegeben hat. Wie auch immer, dem armen Teufel ist schlecht geworden, und er ist in die Krankenstation des Schiffs gebracht worden. Ich hoffe, dass es kein aus Holz gebrannter Alkohol war, denn dann wird er es im günstigsten Fall zwar überleben, aber blind werden. Etwas ganz Normales in Osteuropa, was wir aber nicht ahnen konnten.

Wieder taucht die Angst auf: Ich sehe uns schon, Simon und mich, vor dem Kriegsrat. Diesmal allerdings dem englischen …

Wir sind den SS-Männern entkommen, Sibirien ist uns erspart geblieben, und nun werden wir von den Engländern erschossen, einfach traumhaft …

Ein schlimmer Tag, aber es geht noch einmal gut aus. Der britische Matrose hat überlebt, mit einem gewaltigen Kater, und über die Ursache seiner Übelkeit hat er geschwiegen. Uff.

Ich laufe an Deck herum, meine Füße fühlen sich wohl in meinen Clarks, um die mich viele beneiden.

Das ist nicht immer so gewesen ... Seit ich das Lager verlassen habe, haben meine Füße, von weichem Leder umschlossen, wieder Form angenommen. Die reinste Wonne nach Monaten in Leinenschuhen mit Holzsohlen. Obwohl ... Wenn ich an meine Ankunft im August zurückdenke, mit spartanischen Latschen aus alten Reifen an den Füßen, schaudert mich erneut.

1944, vor meiner Verhaftung, waren vernünftige Schuhe im süßen Frankreich ein recht utopischer Wunsch. Leder war der Wehrmacht vorbehalten und ihren Ersatztruppen wie den Milizen und anderen mobilen Reservetruppen sowie ihren gedungenen Handlangern, den Königen des Schwarzmarkts.

In Grenoble hatte ich einen pfiffigen Kerl ausfindig gemacht, der Sandalen aus alten Reifen schnitt, die er wer weiß woher hatte. Und in ihnen bin ich verhaftet worden.

Gestapo. Prügel. Badewanne. Aufenthalt in der zum Gefängnis umgewandelten Kaserne von Bonne, Überführung nach Lyon, eskortiert von der Miliz, Beginn der großen Reise. Und in Saint-Paul hat das Rote Kreuz mir eine Jacke gegeben. Schuhe? Kein Gedanke!

Und an dem wunderbaren Tag der Aufnahme in Birkenau, unmittelbar nach der Gewährung der Gnadenfrist, die die Tätowierung auf dem linken Unterarm bedeutet, lässt mich eine meiner »Sandaletten« im Stich.

Eine einfache Gleichung: Wenn du nicht tätowiert wirst, kommst du nicht ins Lager, und wenn du nicht ins Lager kommst, hast du es bereits verlassen, durch den Schornstein.

Rätsel: Welcher französische Schriftsteller hat vor dem Krieg empfohlen, dass den Juden statt eines Namens eine Kennnummer verpasst werden sollte?[12]

Jeder neue Häftling betritt das Lager nackt, nur mit dem Gürtel seiner Hose und seinen Schuhen. Sonst ist nichts erlaubt. Verstößt man gegen diese einfache Bestimmung, gibt es nur eine einzige Strafe: den Tod. Aber ich, den anderen immer einen Schritt voraus, bin nackter als die anderen, weil ich nichts mehr an den Füßen habe.

Schur. Kein Haar zu viel darf die deutsche Ordnung stören. Schädel, Achselhöhlen, Schamdreieck, nichts wird ausgelassen.

Dusche. Desinfektion der rasierten Regionen. Das Desinfektionsmittel brennt auf den Hoden.

Aushändigung der Garderobe: die berühmte Kleidung der deutschen Gefängnisse, die die ganze Welt entdecken wird, der blauweiß gestreifte »Pyjama« oder seine grauweiße Variante und die Mütze für den Kopf. Ich erhielt obendrein noch ein prächtiges Paar Schuhe aus Leinen mit Holzsohlen. Aber der sympathische Pole, Häftling auch er, der mir meine Schuhe in die Fresse schleudert, ist schlecht gelaunt und gibt mir – »Schnell! Schnell!« – keine Schnürsenkel.

12 Louis-Ferdinand Céline in seinem 1937 erschienenen antisemitischen Pamphlet *Bagatelles pour un massacre* (*Die Judenverschwörung in Frankreich*).

Von Birkenau nach Auschwitz sind es ungefähr drei Kilometer. Bei jedem Schritt knicke ich um.

In Fünferreihen marschieren die Kameraden des Zugs auf ein Lager aus roten Ziegeln zu, umgeben von einer Betonmauer und einem unter Hochspannung stehenden Stacheldrahtzaun. Die Wachtürme mustern uns von oben herab mit all ihren Maschinengewehren, die Wachen sind auf ihrem Posten. Das Großdeutsche Reich kann beruhigt schlafen: Der kleine Trupp von Franzosen, der vor dem Tor erscheint, über dem die Parole »Arbeit macht frei« prangt, die nur die wenigsten verstehen, wird das große arische Volk nicht besiegen.

Neben mir in der Kolonne, die regungslos vor dem Tor steht, murmelt Robert S.: »Lasst jede Hoffnung, die ihr mich durchschreitet.« Das hat er tatsächlich gesagt, mein Lagerkamerad. Als der Autodidakt, der ich war, hatte ich damals natürlich keine Ahnung, wer Dante war.

Robert hat an jenem Tag die Hoffnung verloren. Er ist bei der Oktober-Selektion gestorben.

Und ich habe einen blutigen Fuß.

Ein Paar Schnürsenkel ist keine große Sache, nichts, woraus man ein Drama machen muss.

... Die Kennnummern sind auf der Jacke in Höhe des Herzens sowie neben der rechten Hosentasche aufgenäht. Jetzt können wir zum Kommando ausrücken.

Die erste ernsthafte Arbeit nach dem Kartoffelschäldienst in der Lagerküche. Ein Hilfskommando, das nur aus Leuten besteht, die noch in Quarantäne sind. Ich gehöre natürlich dazu.

Baustelle. Zwischen der Schneiderei und dem elektrischen Zaun, also eigentlich außerhalb des Lagers.

Der Posten geht vor sich hin träumend auf der Fahrbahn auf und ab, gespielt gutmütig. Er langweilt sich sichtlich. Mit seinen zwanzig Jahren muss er hier einen gefährlichen Haufen Untermenschen bewachen, die natürlich nicht arbeiten wollen, wo er, der Übermensch, doch liebend gern für seinen Führer kämpfen und seiner lieben Mutter ein Eisernes Kreuz oder eines aus Holz mitbringen würde.

Unsere erste Erfahrung mit der Zwangsarbeit. Ein Lastwagen entlädt Tonnen von Pflastersteinen. Hochgeistige Arbeit. Jeder Häftling muss einen Pflasterstein auf die Schulter heben und ihn zur zweihundert Meter entfernten Straße tragen. Eine leichte Arbeit, vorausgesetzt, der Wachhund kommt nicht auf die hirnrissige Idee, sie im Laufschritt ausführen zu lassen.

Der Kapo[13] marschiert am Ende des Zuges, begleitet von einem SS-Mann, der sich Zeit lässt und zurückbleibt. Er wartet auf die Rückkehr der Gruppe.

Der Kapo, der die Nachhut bildet, bewegt seinen Schlagstock schneller. Ein echter Dirigent. Eins, zwei, drei, vier … Er schlägt den Takt, und der Gummiknüppel saust auf die Letzten nieder, tanzt Walzer auf einer Schulter, Polka auf einem Schädel, bricht einen Arm, eine morgendliche Symphonie für gebrochene Knochen.

13 Kapo: Der Ursprung des Begriffs ist nicht ganz klar. Manche behaupten, er sei eine Verballhornung des italienischen Wortes *capo*, »Chef«, andere, es handele sich um die Initialen von *Kommando Arbeit Polizei*. Jeder Kapo, der immer ein Internierter ist, untersteht einem SS-Kommandoführer.

Manchmal fällt ein Pflasterstein zu Boden. Der Träger bleibt stehen, um ihn aufzuheben. Und der Schlagstock saust ebenfalls herunter. Eine Kantate unterdrückter Klagen. Kein Schrei, keine überflüssige Bewegung. Der Dirigent amüsiert sich, Crescendo, Konzert für Häftlinge und Orchester, das wirbelt, das hämmert, das erzeugt ein dumpfes Geräusch von schlagendem Gummi. Violinschlüssel, Dur, Moll? Jazz oder Klassik? Quintett oder großes Orchester? Es ist ein Dialog, ein Duett zwischen dem schwarzen Stock und dem Körper des Gegenübers. Klack! … Die Letzten werden die Letzten sein, klack! Und ich trage an diesem Tag Schuhe ohne Schnürsenkel, und ich bin häufiger der Letzte, als ich müsste. Rhapsodie in Blau. Ich laufe, mein Knöchel taucht aus seinem U-Boot hervor, mein Schuh öffnet sich, der Fuß, in Lumpen gehüllt (die berühmten russischen Socken), mit Brot einem Burschen aus meinem Transport abgekauft, tritt ins Freie. Ich verliere den Lappen, ich lasse meine Last fallen, der Kapo kommt angelaufen, ich hebe den Stoff auf und stecke ihn in meine Tasche, schnell, den Pflasterstein wieder auf die Schulter, ich schlage den Kapo im Sprint, setze den Stein ab, eine Sekunde Pause, und wieder los, schnell, Sprint, ich bin mitten in der Gruppe.

Nachdem dieses Spiel eine Viertelstunde gedauert hat, platzen die Lungen, die Bronchien pfeifen, die Augen glänzen, und der Schweiß rinnt; aber ich halte durch, ich bin zwanzig, manchmal ist es klasse, zwanzig zu sein, und das Ballett geht weiter, die schwarzen Chöre[14] haben ihren großen Auftritt, der Posten am Tor schließt sich uns an und

14 Die SS bildete den Schwarzen Orden.

grölt seine Partie, los, los, der Kommandoführer brüllt, schnell, schnell, wie besessen, den Pflasterstein nicht fallen lassen, schnell, nicht der Letzte sein, schnell, den Schuh aufheben, schnell, losrennen, Pulsfrequenz 140, die Füße laufen, der Kapo schlägt, der Schlagstock tanzt, Oratorium für Geschundene, ein Mann fällt hin, sein Herz ist sechzig Jahre alt, schnell, weiter … und ich verliere meinen Schuh, er bleibt an einem grasbewachsenen Erdhügel hängen, grau in den grünen Grasbüscheln, er lächelt mir zu, verhöhnt mich, schaut auf mich herab, mein Latschen ohne Schnürsenkel, meine Todesanzeige, es ist wie früher auf dem Schulhof: »Wer fürchtet sich vorm schwarzen Mann … Und wenn er aber kommt?« Wut, Groll, reagieren, Verzweiflung, schnell reagieren, wenn ich stehen bleibe, wird der Kapo mich töten, eine Stimme im Hinterkopf brüllt: Wenn du die Arme senkst, bist du tot, und wenn du weiterläufst, hast du in fünf Minuten blutige Füße. Ein entzündeter Fuß bedeutet Krankenbau, der KB ist das absolute Fiasko, Wut, keimender Wahnsinn, schnell reagieren, die Zähne zusammenbeißen, ich renne los, hinke, hüpfe, der Fuß wird wund. Erster! Gewonnen! Ich setze den Pflasterstein ab, Goldmedaille, Nationalhymne, Joseph hat gewonnen! Ich renne mir die Lunge aus dem Leib, erreiche den blöden Schuh auf meinem Golgota, bereit für die Hinrichtung. Wie man hier sagt: »Arbeit macht frei … vom Leben!«

Und das Glück hat mich verlassen, jetzt sind beide Füße kaputt. Aber man kann nicht dauernd Sieger bei der Olympiade von Auschwitz sein, manchmal dreht sich der Wind; und ein Kumpel, Krankenpfleger, Marc, ein Pfadfinder aus

Straßburg, verarztet mich noch am selben Abend. Zweite Medaille, keine Entzündung! Wie heißt es im Lied, Hauptsache man ist zwanzig.

Und eine letzte Erinnerung an Schuhe, eine Geschichte, bei der ich mit den russischen Deportierten im Lager Bekanntschaft gemacht habe. Sie tragen alle das schwarze Dreieck, das der »Faulpelze«, das Abzeichen derer, die die Arbeit »sabotieren«. Also Schluss mit der Fabrik und ab nach Auschwitz!

Stammlager. Ich trage endlich Schuhe mit Schnürsenkeln. Aber die Holzsohlen peinigen mich.

Es ist September. Ich sehe einen Lastwagen im Schritttempo über die Hauptstraße des Lagers fahren, gerammelt voll mit Schuhen aus den Lagerbeständen. Den Schuhen der Toten.

Ich bin in Auschwitz. Ich bin informiert über alles, was hier geschieht. Ich weiß es, ja, aber ich habe es nicht bis in die letzte Konsequenz verstanden. Man tritt nicht aus dem Leben eines Durchschnittsmenschen heraus, um ohne eine Anpassungszeit lebendig und wach in einen Albtraum einzutauchen. Und die Gleichung ist simpel: sich anpassen oder sterben. Eine andere Lösung gibt es nicht.

Es liegt vielleicht an meinem Alter oder an meinem Mangel an Reife. Ich weiß es, aber ich akzeptiere es nicht; denn sonst hätte ich niemals eine dieser Heldentaten gewagt, die mit einem furchtbaren Tod bestraft werden, wenn man scheitert.

Der Lastwagen fährt im Schritttempo. Ich stürze los, klammere mich an die Wagenwand, greife das erste Paar

Schuhe, das ich zu fassen bekomme, werfe es auf den Boden, springe ab, hebe die beiden zusammengebundenen Latschen auf und sprinte los. Kein Posten auf den Wachtürmen hat sich gemuckst, und der Fahrer verhält sich ruhig.

Ein Wunder! Lederschuhe! Zwei wahre Meisterwerke, leuchtend braun. Ihr Besitzer ist tot, da seine Schuhe hier sind. Mist. Sie sind Größe 42, und ich habe Größe 39! Die Schuhe behalten? Unmöglich. Da niemand etwas besitzt, gibt es im Lager nicht den kleinsten Wandschrank, in den man etwas räumen könnte. Sie verstecken? Aber wo? Die Kapos und die ganze Hierarchie, die mit dem SS-System gemeinsame Sache macht, haben ihre eigenen Verstecke. Der Unterkapo der Sandgrube, des Kommandos Sandgrube Haus Palitsch, beispielsweise versteckt in den Latrinen der Grube einige Tausend Zigaretten, heißt es. Ich bin kein Kapo, ich habe keine zum Safe umfunktionierten Toiletten, ich habe nichts. Ich habe auch keinen Zugang zu den Verstecken hinter den Isolierplatten der Decken. Ich sehe mich schon in einer der Schatzhöhlen der SS-Schergen wühlen, um dann auf der Stelle mit Faustschlägen, Fußtritten oder Schlägen mit dem Stiel einer Schaufel getötet zu werden.

Einer, der schon länger da ist, gibt mir einen Tipp: Geh nach dem Appell auf den »Markt«, der hinter dem und dem Block abgehalten wird. Dort kannst du deine Schuhe gegen Zigaretten eintauschen.

Einer der Orte, die sich in der Hand der ehemaligen sowjetischen Kriegsgefangenen befinden, die zu Leichen mit Galgenfrist geworden sind. Eine der Besonderheiten von Auschwitz: die Cliquen.

Die politischen Gefangenen aus Polen, Antisemiten, Hetzer und Antikommunisten, verkehren nicht mit den anderen. Außerdem sind sie in einem Lager mit mehrheitlich polnischen Insassen quasi zu Hause, so wie Mauthausen ein Lager mit einem starken Anteil an Spaniern ist und Buchenwald ein Ort, in dem sehr viele Franzosen interniert sind.

Als Deportierter habe ich entdeckt, dass »Nationalismus« zwar Ausschluss bedeutet, dass das Wort »Nationalität« jedoch eine einende Bedeutung hat, die noch verstärkt wird durch die Sprache. Mit Nuancen natürlich. Der Höhepunkt des europäischen Judentums, was die Würde betrifft, bleibt aus meiner Sicht in jener Zeit die Gruppe der Holländer, die noch überlebt haben. Der Abschaum waren damals für mich die Ungarn, vor allem die Bauern aus den hintersten Karpaten, während die hochgebildeten Ungarn aus Budapest die Kultiviertheit der österreichisch-ungarischen Gesellschaft repräsentierten.

In Wirklichkeit sind die Reaktionen der deportierten Juden dem Unglück gegenüber, das sie getroffen hat, je nach der »nationalen« Kultur, die sie aus den Ländern, in denen sie gelebt haben, mitbringen, ganz verschieden. Und die soziale Herkunft spielt natürlich eine ebenso große Rolle. Die »kleinen Leute«, die häufig mit Not und Elend konfrontiert gewesen sind, kommen besser damit zurecht als diejenigen, die aus bürgerlichen Verhältnissen stammen. Auch dies eine objektive, nicht wertende Feststellung.

Entscheidend ist auch die politische Herkunft. Ein Kommunist wird kämpfen, er wird kämpfen für sich und für seine Genossen. Alle, die ich kennen gelernt habe, haben angesichts des Chaos ohne zu zögern sich selbst hintangestellt. Durch ihre ideologische Ausrichtung, ihre Disziplin, ihren

Massen-»Kult« waren sie in meinen Augen die Einzigen, die dazu in der Lage waren. Im Reich des Einzelgängertums zählten nur die Gruppe und ihre Solidarität.

Ohne den anderen »politischen« Gefangenen in irgendeiner Weise Unrecht zu tun, muss man übrigens anerkennen, dass es den kommunistischen Aktivisten aus den verschiedenen Ländern gelungen ist, in den Lagern Untergrundorganisationen zu gründen und zu leiten, die trotz ihrer schwachen Position unter großen Gefahren dem Schwarzen Orden die Stirn boten, soweit das möglich war. Die langen und harten Kämpfe um die Macht in Russland haben unauslöschliche Spuren hinterlassen. Man darf nicht vergessen, dass es erst zwanzig Jahre her war, dass die Arbeiterbewegung sich in Russland durchgesetzt hat. Die Erinnerungen an die Kämpfe in den Bürgerkriegen (dem russischen, dem ungarischen, dem spartakistischen, dem spanischen ...) blieben lebendig und dienten als Anhaltspunkt.

Da ich gesehen hatte, was kein Mensch sehen sollte in einem Alter, in dem das Träumen an erster Stelle stehen sollte, und, mental zerrüttet und gefühlsmäßig vernichtet, die Spuren meiner familiären Erziehung nicht mehr wieder fand, habe ich mir, als ich das Lager verließ, geschworen, nicht mehr zu kämpfen und es den Idealisten zu überlassen, die Welt zu retten; aber ich werde niemals vergessen, dass die einzigen Menschen, die im Lager im vollen Sinne des Wortes Menschen geblieben sind, die Kommunisten waren.

Und die Geistlichen? Auch sie haben Widerstand geleistet; aber meiner Meinung nach kann man einen Gläubigen, der »resigniert« hat, und einen politisch erfahrenen Kämpfer nicht auf eine Stufe stellen.

Die Franzosen bilden Untergruppen. So verstehen die Juden mit langem französischem Stammbaum überhaupt nicht, was mit ihnen geschieht. Durch und durch Franzosen, stehen sie der Katastrophe hilflos und nackt gegenüber. »Das« konnte ihnen doch nicht passieren, »nicht ihnen«, loyale Bürger, die sie sind, treu ergeben dem Wahlspruch Frankreichs, häufig Veteranen oder Kinder von Überlebenden des Ersten Weltkriegs.

Viele von ihnen verehren Pétain, und Laval ist ihr Schreckgespenst.

Man kann froh sein, wenn sie den »Polen«, zu denen ich gehöre, nicht vorwerfen, an ihrem Unglück schuld zu sein.

Das Gleiche gilt für die Juden aus Algier, denn Algerien ist Frankreich. Ihre Eltern haben alle das Blutbad des Ersten Weltkriegs mitgemacht, und natürlich wissen sie nichts vom Alltag der Deutschen. Die Sprache ist ein schreckliches Handicap für sie, während den anderen jüdischen Deportierten aus Frankreich – das von Maurras so geliebte »Ausländerpack« – die Kenntnis des dem Deutschen nah verwandten Jiddischen erlaubt, sich besser durchzuschlagen. Es kann einem das Leben retten, wenn man den Befehl eines SS-Manns versteht; denn das Nichtverstehen legen die neuen schwarzen Götter einem als Rebellion aus, aus der sie nur eine einzige Konsequenz ziehen: eine Kugel.

Und weil er nur Französisch sprach, obwohl man unbedingt das Latein von jenseits des Rheins verstehen musste, ist Samy gestorben …

… Ich habe ihn in Zelle 34 in der Kaserne von Bonne in Grenoble kennen gelernt, in der ich interniert war. Dieses

Militärgebäude, das im Dezember 1943 als Vergeltung für die Grenobler Bartholomäusnacht[15] durch eine gewaltige Explosion zur Hälfte zerstört wurde, diente als Gefängnis und lag am Boulevard Gambetta, gegenüber dem Patrizierhaus, das der örtlichen Gestapo und ihren Gefolgsleuten als Hauptquartier diente.

Samy war ein großer, kräftiger Bursche, dem das Judentum so gleichgültig war wie mir das Sanskrit und der als Kellner arbeitete. Verhaftung. Die übliche Karriere.

Ein Tag im September. Über Hunderte von Metern, bis zur Linie der Wachtürme, wälzt sich die Baustelle im Staub. Es ist heiß. Die Sommersonne brennt unbarmherzig auf Polen herab. Kamerafahrt à la Cecil B. De Mille über die Pyramiden des 20. Jahrhunderts, die Produktion des Nichts in industriellem Ausmaß, die Herstellung der Leere. Eine Baustelle des Straßenbaus oder die Ausbesserung einer der Straßen auf dem Konzentrationslagergelände.

Die Männer arbeiten inmitten des üblichen Gebrumms, das das ganze Lager erfüllt: »Bewegung! Bewegung!« Ein Teil der Männer hackt die braune Erde mit Spitzhacken auf, andere schaufeln das Geröll weg, die Kapos schlendern umher, den Schlagstock in der Hand. Die Wachen träumen von ihrem letzten Urlaub in Paris oder Amsterdam, als das Leben süß war, und trösten sich mit dem Gedanken, dass sie Übermenschen sind. Und das stimmt, da der Führer es gesagt hat.

15 Im November, Dezember 1943 war die Repression in den Reihen der Résistance so enorm, dass man zu Recht von einer Grenobler Bartolomäusnacht sprechen konnte.

Plötzlich brüllt der Posten, ohne sichtlichen Grund. Die Kapos stürzen zum Wachturm der Baustelle. Der Schakal mit der Armbinde rast auf das Raubtier zu. Der Lotsenfisch steht stramm. Der andere zeigt, immer noch brüllend, auf Samy. Der Kapo stürzt sich wie ein Wahnsinniger auf ihn, knüppelt ihn nieder, packt ihn am Nacken und schleift, zerrt, schiebt ihn zum Wachturm.

Der Mörder verlässt sein Schilderhäuschen und beginnt ein Verhör, von dem Samy nichts versteht. Er spricht kein Deutsch. Die Sprache Goethes ist ihm herzlich egal. Man hat ihm nicht beigebracht, dass sie unentbehrlich ist, wenn man in den Lagern der vierziger Jahre überleben will.

Der SS-Mann spricht. Samy bleibt stumm. Und die Hände, die Fäuste, die Füße dreschen auf ihn ein. Samy versucht, sich gegen den Hagel zu schützen. Keine Chance, auf der Baustelle gibt es kein Straßenschild, das warnt: »Steinschlag! Gefahr!« Der Häftling schützt sich, indem er sein Gesicht, seinen Kopf, seinen Bauch bedeckt. Er ballt die Fäuste. Und der andere, nicht viel älter als sein Opfer, brüllt:

»Halt deine Hände ruhig!«

Samy versteht kein Wort, kein einziges. Die Sträflinge um ihn herum haben mit dem Hacken aufgehört. Auch die Schaufeln stehen still.

»Halt deine Hände ruhig«, flüstert ihm einer zu, der unmittelbar in seiner Nähe steht.

Ein anderer wiederholt es, ein zweiter, dann ein dritter nehmen es auf. Ein Kirchengebet, der Gesang eines Psalmisten, ein Insektenflug, das Geräusch von Deckflügeln weint leise im grellen Licht: »Halt deine Hände ruhig! Halt deine Hände ruhig!« Der Pyjama hört nicht mehr, versteht nicht mehr, selbst das Französische ist weg durch die Panik. Und der SS-Mann drischt wieder los. Brutales Einschlagen auf einen Sandsack. Linke … Rechte … die Fäuste schließen sich, die Fäuste treffen unter die Gürtellinie. Samys Panik nimmt ozeanische Dimensionen an. Er macht eine Angriffsbewegung. Der Soldat weicht einen Schritt zurück. Das in Anschlag gebrachte Gewehr gleicht plötzlich einer riesigen Faust, rechte Wange … linke Wange … Und es knallt.

Ein nasser Fleck breitet sich auf der schmutzigen Häftlingskluft aus, eine rote Rinne zieht ihre Bahn auf dem abgewetzten Stoff.

Ja, Deutschkenntnisse sind lebenswichtig.

Die missliebigen Ausländer, die aus Frankreich gekommen sind, stammen zum größten Teil aus Osteuropa und wissen sehr genau, wie sie sich angesichts eines Massakers zu verhalten haben. Der Tod und wie man ihm begegnet, ihre Eltern sind seit Generationen damit vertraut. Aber fabrikmäßige Gemetzel wie in Auschwitz haben weder sie noch ihre Vorfahren sich jemals vorstellen können. Und ein weiterer wichtiger Faktor hat auch sie entwaffnet: Als die Österreicher und Deutschen 1915 die Russen aus Polen vertrieben, wurden sie von den Millionen polnischer Juden, die endlich die russischen Rassenhetzer los waren, mit Erleichterung empfangen, häufig als Befreier.

Diese Bewohner der Schtetl, durch die zu Beginn des 20. Jahrhunderts die explosiven Strömungen des Ostens zogen, interessierten sich nicht sonderlich für Geopolitik. Grenzveränderungen waren für sie nichts Neues. Meine Mutter beispielsweise ist 1896 als Russin in Warschau geboren worden, um nach 1919 Polin zu werden, und, nach einer Zeit unter deutscher Kontrolle, in Paris als Französin zu sterben.

Die polnischen Juden erwachten aus einem jahrhundertelangen Schlaf und waren, abgesehen von der ökumenischen Krise, die in der gesamten Region herrschte, plötzlich mit Strömungen konfrontiert, die das Aus für die religiöse Praxis ihrer Vorfahren bedeuteten: mit dem Zionismus, der als Folge der Dreyfus-Affäre und der zaristischen Pogrome in Paris entstanden war, dem Bundismus, der sozialdemokratischen Arbeiterbewegung, und dem rigorosen Kommunismus.

Das polnische Judentum hatte das fernöstliche Desaster des zaristischen Regimes in Port Arthur und das Scheitern des marxistischen Aufstands 1905 in einem Land, das damals vollständig von Moskau beherrscht wurde, mit einem hohen Preis in Form von Menschenleben bezahlt, obwohl es gar nicht beteiligt gewesen war. Denn an den Niederlagen, die dem Zarenreich zu Wasser und zu Land zugefügt worden waren, konnten nur die Juden schuld sein.

Pogrom ist ein russisches Wort, kein polnisches und kein deutsches. Für den Zaren war es nichts anderes als eine Form des Regierens. Und diese Deutschen von 1915, die damals nicht feindselig und junge Unteroffiziere oder niederrangige Offiziere gewesen waren, sollten fünfundzwanzig Jahre später, mittlerweile hochrangige Offiziere, als Mörder zurückkehren? Eigentlich unvorstellbar. Und entwaffnend. Mit einem »Plus«, das die Resignation noch verstärkte: die apokalyptische Ader der Geistlichen. Für sie war das schlimmste Grauen immer noch erträglich, solange es »gottgewollt« war.

Die bärtigen Gottesmänner haben dadurch, dass sie nicht kämpften, unglaublichen Mut bewiesen.

Sie starben im Namen des Herrn und zweifelten nicht einen Augenblick daran, dass die Massaker aufhören würden, wenn »ER« es so beschließen würde.

Die wenigen Überlebenden des Warschauer Ghettos, die ich im Lager kennen gelernt habe, haben es mir alle bestätigt: Die Jungen, die politisch in einer der drei oben genannten Bewegungen engagiert waren, haben gekämpft, um würdevoll zu sterben ... auf ihre Weise. Natürlich war der SS die Würde der Geistlichen lieber als die der bewaffneten Aktivisten.

Im Lager überlebten die Russen unter sich. Die Deutschen blieben Deutsche, die Tschechen ... Tschechen und so weiter. Der nötige Austausch zwischen den Gruppen fand statt; nur die Juden blieben allein und tauschten lediglich eine grenzenlose Verzweiflung untereinander aus, mit Ausnahme der »76 000«.

So wie die »76 000«, polnische Juden, die Könige des »Organisierens« waren, kontrollierten die Russen die Flohmärkte, die abends stattfanden. Solange die SS-Offiziere, die natürlich Bescheid wussten, sie tolerierten. Das Prinzip war immer dasselbe: eine Gruppe »privilegieren«, um den Hass der anderen zu schüren. Und am Ende wusste niemand mehr, wer der wahre Gegner war.

Das erinnerte an die Methode der Selektion bei der Ankunft an der Rampe, wo alles auf die sanfte Tour vor sich ging, ohne Brutalitäten, mit beschwichtigenden Worten, um jeden Aufstand zu vermeiden. Die Lager kamen mit einem

Minimum an Wachen aus. Und das Ergebnis war jeden Tag gleich: Deportierte, die ihr Leben gelassen hatten: mehrere Tausend. Getötete SS-Männer: keiner!

Appell. Brotration. Die geklauten Schuhe unter meiner Jacke versteckt, renne ich zu einem unverhofften Tauschgeschäft. Wie viele Zigaretten sind meine Prachtstücke aus echtem Leder wohl wert? Die schwarzen Dreiecke, in überwältigender Mehrheit Russen, haben das Monopol des Schwarzhandels.

Ich radebreche auf Deutsch. Ein Russki kommt heran. Diskussion.

»*Dawai, dawai!* Los, gib schon her!«

Meine Ware wechselt den Besitzer. Ein Stoß. Mein Käufer ist verschwunden. Meine Schuhe auch.

Frustration. Hass im Bauch, kehre ich zu meinem Block zurück, als mir ein junger Bursche, den ich aus Paris kenne, über den Weg läuft. Kurzes Schwätzchen.

»Komm mit, ich weiß nicht, warum, aber wir haben in unserem Block noch ein bisschen Suppe übrig. Komm, keiner wird was merken.«

Ich genieße gerade den Inhalt eines Essnapfs, als ich vom Blitz getroffen werde.

Eine Stimme schreit: »Lagersperre!«

Was tue ich noch hier? Ich lasse den Essnapf stehen und renne zum Ausgang.

Diesmal werde ich nicht davonkommen. Ich werde krepieren. Der Grund ist einfach: Ich bin zum Zeitpunkt der Sperrstunde nicht in meinem Block. Wenn das für einen SS-Mann kein Fluchtversuch ist, was dann?

Auschwitz liegt da wie ausgestorben. Die Scheinwerfer

erhellen leere Straßen, Reihen von Gebäuden aus dunklen Ziegeln. Leer? Und wer ist dieser kleine Mann, der da wie ein Irrer im frostigen Licht rennt, das das Lager wie für ein Fest erleuchtet? Die werden dir heimleuchten, Idiot! Ich renne, renne, renne. Ich warte auf die Salve, die von einem der Wachtürme kommen wird. Niemand kann ihr entgehen. Wenn man in der Schusslinie der Posten ist, gibt es kein Entrinnen. Als einzige Alternative bleibt mir, mich gegen den elektrischen Stacheldraht zu werfen.

Ich entdecke, was wirkliche Angst ist. Nicht irgendein beklemmendes Angstgefühl, nicht eine Scheinwelt, die sich bewegt. Die Wirklichkeit. Ich bin die »1000« auf der Zielscheibe für alle MG-Schützen der SS. Die Frage ist nur, von welchem Wachturm der erste Schuss kommen wird.

Das ist genau der Moment, in dem ich aufgehört habe, der »normalen« Welt anzugehören, um in meine neue Haut zu schlüpfen: die des Deportierten. Bis zu diesem Augenblick wusste ich verstandesmäßig, was im Lager passiert. An diesem Abend habe ich den Kontakt zu meinen Mitmenschen verloren, als ich die zwischenmenschlichen Beziehungen aus einem Blickwinkel wahrnahm, den ich nicht vermutete, dem der Abwesenheit von Gesetzen. In Wirklichkeit nehme ich allein an einem absurden Spiel teil, dessen Regeln niemand kennt; denn jeder SS-Mann hat das Recht, nach Lust und Laune zu improvisieren, und für mich heißt die Strafe des Spiels, ganz gleich, ob ich gewinne oder verliere, Tod.

Ich bin jetzt ein Häftling, ein Gegenstand mit menschlichem Gesicht. Die SS-Männer bezeichnen den Deportierten als »Stück«. Ein Stück Holz, ein Stück Metall hat einen gewissen Wert, auch wenn es nur ein Handelswert ist. Das

»Stück«, das ich geworden bin, hat keinerlei ästhetische, moralische oder kommerzielle Bedeutung. Man wirft es weg, man verbrennt es. Ich gehörte jetzt der Welt der Ersatzteile an. Ich bin nur noch ein ganz kleines Teilchen einer neuen Welt, von der ich nicht die geringste Vorstellung hatte, obwohl ich in sie integriert bin.

Jedes Individuum, das die feldgraue Uniform trägt, hat das Recht, mich auf der Stelle zu töten, ohne sich dafür rechtfertigen zu müssen. Und ich renne, renne, renne in dieser Nacht mit ihren Farben weißglühenden Metalls, die von den riesigen, über das Lager hinweggleitenden Lampen verbreitet werden.

Lange danach, in den fünfziger Jahren, habe ich in Saint-Ouen gelebt. Die Mietshäuser waren aus Ziegeln, und nachts wurden die Gleise der nahen Eisenbahn von dem frostigen Licht der Bogenlampen erhellt, die normale Beleuchtung aller Rangierbahnhöfe. Natürlich ein Zufall. 1952 herrschte eine solche Wohnungsnot, dass man sich seine Wohnung nicht aussuchen konnte, man nahm, was man fand. Und dennoch ... und ich habe deswegen die tollsten Albträume, in denen die Blocks, die Mietshäuser von Saint-Ouen und die Scheinwerfer mich in wildem Durcheinander so quälen, dass ich schreiend erwache.

Doch zurück nach Auschwitz und zu meinem Rennen durch die Nacht. Block 8. Endlich!

Natürlich ist die Tür verriegelt. Ich hämmere mit der Faust gegen das Holz, das zu einem Gong geworden ist. Schritte. Das Schloss dreht sich. Und der Blockälteste steht vor mir.

Er sieht mich verblüfft an.

»Was machst du denn da draußen, du Arschloch!«

Und er holt zum Schlag aus. Wirklich, ich hasse es, geohrfeigt zu werden, auch wenn der Preis, den ich zu zahlen habe, ein sehr geringer ist.

Jacques, mein Schlafgenosse (das war noch eine glückliche Zeit, als die für eine Person gedachten Pritschen nur zwei »Gäste« aufnehmen mussten, die Kopf an Fuß schliefen – es gab eine Zeit, da man zu viert auf derselben Matratze »schlief«), schaut mich verblüfft an.

»Wo kommst du denn her? Bist du jetzt auch ein Pipel geworden?«

Ich zucke die Achseln. Der Pipel ist im Lagerjargon ein junger Bursche, der das ist, was man in den »normalen« Bagnos von Cayenne und anderswo einen »giton« nennt, Sexobjekt und Lakai eines hohen Tiers. Hier kommen die Schergen der SS in diesen »Genuss«. Es handelt sich um nichts anderes als um Prostitution. Sich in den Arsch ficken zu lassen, um sich eine Scheibe Brot oder eine Ausrede für die Arbeit zu verdienen, ist nichts anderes, als auf den Strich zu gehen, um am Leben zu bleiben. Seit damals glaube ich, dass derjenige, der sich verkauft, um zu leben, ehrenhaft handelt.

Das hat nichts zu tun mit den Männern, die sich lieben, den rosa Dreiecken, die hier eingesperrt sind, den Homosexuellen, die wie alle europäischen Nonkonformisten verfolgt werden.

Ein Pipel zu sein ist weniger traumatisch als das Leben, das die Jungs in der Maurerschule führen. Wohl noch so eine geniale Idee eines SS-Heilsbringers aus Berlin. Die Juden dürfen keine Intellektuellen mehr sein, sie sollen mit den

Händen arbeiten, hat ein hohes Tier des Schwarzen Ordens verfügt. Also Einrichtung der »Maurerschule«.

Eine Gruppe frühzeitig verwaister Jugendlicher, die eines Tages von ihrer Familie getrennt worden sind, welche seitdem nicht mehr existiert. Kinder, die aus der Wohlbehütetheit des Familienlebens im Schtetl herausgerissen und in einen brodelnden Kessel geworfen wurden. Schläge, Vergewaltigungen, das Fehlen von Orientierungspunkten werden die Kriterien für ihre Erziehung sein. Anstatt in den Bauberufen ausgebildet zu werden, dienen sie nur dazu, die Fantasien gewisser Kapos zu befriedigen.

Ich bin ihnen begegnet, und ich habe niemals ihren Blick wilder Tiere vergessen. Nein, sie waren nicht einmal mehr wilde Tiere. Diese jungen Burschen bestanden nur noch aus Reflexen; sie waren vollständig zerstört worden durch das, was sie in drei Jahren Lager gesehen und erlebt hatten.

Jacques habe ich in Grenoble kennen gelernt, am Abend meiner Verhaftung. Er saß in derselben Zelle wie ich bei der Gestapo und kam vom Verhör zurück, grün und blau geschlagen, ein verängstigter Junge, wie wohl auch ich später einer war, als ich auf ihre Fragen antworten musste.

Aber an jenem Tag habe ich trotz der Badewanne nicht geredet. Manchmal denke ich mit einem vollkommen idiotischen Anflug von Stolz daran zurück. Derjenige, der »redet«, ist nicht weniger wert als derjenige, der »standhält«. Ich habe mit vielen gefolterten Kameraden darüber gesprochen. Niemand hat mir erklären können, warum manche geredet haben und andere nicht. Körperliche Stärke? Willenskraft? Erziehung? Masochismus? Glaube? Alles ist möglich, und alles ist falsch. Dass jemand »den Mund hält«, wenn der ganze Körper vor Schmerz brüllt, bleibt für mich ebenso rätselhaft wie Begabung oder Anmut.

Bei der Gestapo in Grenoble ist es mir gelungen, gegenüber den Männern von Barbier, jenem Handlanger von Doriot, die Klappe zu halten. Ich wusste, dass die Entscheidung bereits gefallen war und dass ich meinen Peinigern nicht entkommen konnte. Ich musste an jenem Abend einfach nur durchhalten, nur an diesem Abend, damit meine Schwester, die bei mir wohnte, abhauen konnte, wenn sie mich nicht nach Hause kommen sah. Denn ich hatte nicht gemeldet, dass ich meinen Wohnsitz gewechselt hatte, und die Adresse in meinem Personalausweis stand in keinerlei Zusammenhang mit meinem tatsächlichen Wohnort.

*

Das Schiff schlingert, das Mittelmeer wird etwas rau vor dem Kap Matapan. Das azurfarbene Schimmern des Himmels ist wie eine Antwort auf dieses unglaubliche Tiefblau des Meeres, und die griechische Küste taucht aus einem leichten Dunst auf.

Mit nacktem Oberkörper neben der Kanone liegend, für die ich eine seltsame Zuneigung empfinde, nehme ich an Deck ein Sonnenbad. Seit der Frühling zurückgekehrt ist, gewöhnen sich meine alten Knochen ganz langsam wieder an die milde Luft, und ich spüre auf diesem Schiff, in der Meeresbrise und der beruhigenden Wärme, wie ich wieder ins Leben zurückkehre.

Die Sonne … Außergewöhnliche Lichtverhältnisse habe ich immer wieder erlebt: der strahlend blaue Himmel 1940, der so völlig im Gegensatz stand zu der Katastrophe, die Frankreich verwüstete, das herrliche Wetter im Juli 1944, das mit seinem strahlenden Glanz die Befreiung noch unterstrich, und jener frostige Sonnentag, an dem eine Patrouille der Roten Armee, Vorhut einer gewaltigen Soldatentruppe, unter dem unbeschreiblichen »Arbeit macht frei« über dem Tor ins Lager kam.

Die Befreiung von Auschwitz vollzog sich am Samstag, dem 27. Januar 1945, unter einer feuerwerksgleichen Sonne.

Aber die Ereignisse, die damit verbunden sind, begannen Ende 1944 nach dem Aufstand des Sonderkommandos[16]. Nach dem Massaker des 3. Oktobers, vielleicht der schrecklichsten Selektion in der Geschichte des Lagers, abgesehen von der Vernichtung des Zigeunerlagers, gingen die Sklaven des »Sonder« auf die Barrikaden, und ihre Rebellion führte zu einem radikalen Stimmungswechsel.

Ich werde niemals jenen regnerischen Herbsttag vergessen. Das Kommando aus Elendsgestalten, dem ich mit Haut und Haaren angehörte, war das Straßenbaukommando. Sein Kapo war einer der größten Schurken, die die deutsche Unterwelt je hervorgebracht hat. Mittelgroß, mit vierschrötigem Oberkörper und stark wie ein Bär, trug er Reithosen und wurde »der Dompteur« genannt. Sein Helfershelfer war ein Zwerg, der kurze Stiefel trug, die ihm den Spitznamen

16 Das Sonderkommando oder »Sonder« bestand aus Deportierten, die die Aufgabe hatten, die Leichen aus den Gaskammern zu schaffen und zu verbrennen. Sie wurden regelmäßig vernichtet, damit keine Zeugen zurückblieben. Kein Horrorfilm wird jemals zeigen können, was diese Männer erlebt haben.

»Gestiefelter Kater« eingebracht hatten, zumindest unter den Franzosen. Zwei echte grüne Dreiecke, gedungene Killer, aber sie waren auch sadistische Mörder, die es verstanden, die Qualen ihrer Opfer in die Länge zu ziehen.

Wir gingen auf einem schlammigen Weg, übersät mit Wasserpfützen. Und plötzlich heulte die Fluchtsirene auf. Ein Läufer kam angerannt und rief den Dompteur. Das Kommando machte kehrt und ging zum Lager zurück.

Die Nachricht schlug ein wie eine Bombe, unerwartet, und verbreitete Schrecken und Bestürzung. Die Aufständischen des Sonderkommandos in Birkenau hatten die Einrichtungen der Todesfabrik in die Luft gesprengt. Die Informationen über das Ausmaß der Schäden waren übertrieben; aber es war geschehen, daran war nicht zu rütteln. Zum ersten Mal hatten Männer in Auschwitz das Undenkbare gewagt.

Die Herkunft des Sprengstoffs? Ich habe verschiedene Versionen über seine Herkunft gehört, und da alle plausibel und unüberprüfbar sind, halte ich mich an das Ergebnis. Die Maschinerie war ins Stocken geraten.

Das Ende der Selektionen fiel mit der Explosion zusammen, die die geopferten Burschen des riesigen Schlachthauses ausgelöst hatten. Ein weiterer Grund für diese plötzliche Sanftmut der SS: der Mangel an Menschen. Europa wurde befreit, und die Transporte mit Deportierten wurden selten. Es durfte nicht zu Engpässen in der Versorgung der deutschen Kriegsindustrie mit Sklaven kommen, die die Gefangenen in den Fabriken der Gegend verschlang.

Meines Wissens kam damals der letzte Transport aus Frankreich, der mit den Widerstandskämpfern aus den Vogesen, und sie bekamen die ersten Kennnummern der Serie 200 000. Viel weiter ging es nicht mehr. Die SS hat ungefähr 200 000 Nummern für die riesige Anzahl Menschen verteilt, die zwischen diesen Stacheldrahtzäunen vorbeidefiliert ist und die in die Millionen geht.

Aber das Ende der Selektion ändert nichts am Alltagsrhythmus von Auschwitz: Die Menschen sterben weiterhin durch Hunger, durch Schläge, durch Hängen, durch Erschießen, durch Folter im Bunker, dem Block 11, und durch tödliche Krankheiten. Der Dünnschiss wütet nach wie vor mit verheerenden Folgen, die Furunkulose zerstört mit der gleichen Geschwindigkeit, nach wie vor sterben sehr viele Häftlinge an Herzversagen, die medizinischen Experimente werden weiterhin im gleichen Abstand durchgeführt, man wirft sich immer noch gegen den Stacheldraht, und die Mordlust der Kapos, der Blockältesten und der SS-Leute ist ungebrochen.

Und nachdem ein Teil der Tötungsmaschinerie zerstört war, geschah es auch, dass die Juden neue Dreiecke bekamen. Bis dahin hatten sie ein gelbes Dreieck mit der Spitze nach unten getragen, überlagert von einem roten Dreieck mit der Spitze nach oben, während beim Erkennungscode der Politischen die Spitze nach unten zeigte. Nach der Sprengung durch das Sonderkommando bekamen die Juden das gleiche rote Dreieck wie die Politischen, aber es war überlagert von einer gelben Borte, die anzeigte, dass sie Juden waren. Das Stoffdreieck war der eigentliche Personalausweis der Deportierten.

Rot? Ein Politischer.

Grün? Ein Killerscherge der schwarzen Meute. Die Deutschen sagen nicht Strafgefangener, sondern Verbrecher, wenn sie von einem Grünen sprechen.

Schwarz? Ein Faulpelz, der die Arbeit sabotiert.

Rosa? Ein Homosexueller.

Lila? Ein Zeuge Jehovas, ein Bibelforscher, ein Kriegsdienstverweigerer.

Die Initiale in der Mitte des Dreiecks bezeichnet das Land, aus dem der pyjamatragende »Schuldige« kommt: F für Frankreich, D für die Angehörigen des Reichs, G für die Griechen und so weiter.

Der Leinenstreifen, der das Dreieck krönt, enthält dieselbe Kennnummer, die auf dem linken Unterarm eintätowiert ist.

Mit einem Blick erkennt der SS-Mann die Herkunft des Gefangenen, den »Grund« seiner Internierung und die Zeit seiner Anwesenheit im Lager. Ein Häftling, der das gelbe und rote Dreieck mit dem Buchstaben F und einer Kennnummer 28 000 trägt, ist also ein Jude aus Frankreich, der im März 42 ins Lager gekommen ist. Jeder Lagerinsasse findet sich sofort zurecht. Es ist also ausgeschlossen, dass man einen Fauxpas begeht und es einem Lagerveteranen gegenüber am schuldigen Respekt fehlen lässt. Das kann einen teuer zu stehen kommen. Die sozialen Klassen sind nicht abgeschafft, nur weil man in der Hölle lebt.

Zurück zu den Tagen, die der Befreiung vorangegangen sind.

Die letzten Dezembertage herrscht gedrückte Stimmung. In dem Jahr haben die Nazimassaker ihren Höhepunkt erreicht; aber einige gut funktionierende Todesfabriken sind verschwunden. Treblinka gibt es nicht mehr, Majdanek ist befreit worden.

Zwischen Januar und November sind, abgesehen von dem täglichen Tod, der von den Transporten aus Osteuropa gefüttert wird, die Zigeuner, die ungarischen Juden, die Ghettobewohner von Lodz und zahlreiche, zunächst noch Überlebende des Warschauer Aufstands verschwunden. Auschwitz schlägt alle Rekorde in der Produktion von Menschenasche.

Der Krieg geht nach den Siegen in der Normandie und an der russischen Front in einem langsamen Rhythmus weiter. In Auschwitz wissen alle, dass der Krieg für Deutschland verloren ist, aber jeder weiß auch, dass keiner hier herauskommen wird. Die Hoffnung schwindet, und Weihnachten steht vor der Tür, ein deprimierendes Weihnachten, geprägt von der deutschen Offensive in den Ardennen. Das Tier hat immer noch Zähne und Krallen. Nach der Befreiung habe ich mich gefragt, wie es um die Moral der Häftlinge bestellt gewesen sein mochte, als das Reich Sieg auf Sieg häufte.

Weihnachten.

Die Nazis, die voller Widersprüche stecken, haben einen riesigen Weihnachtsbaum auf dem Appellplatz aufgestellt. Es spielt keine Rolle, dass die christliche Welt die Geburt eines Juden feiert, der den gutwilligen Menschen den Frieden auf Erden gewünscht hat, und dass seine Nachkommen hier brennen. Weihnachten ist Weihnachten.

Das Lager ist weiß vom Schnee, der Mitte Dezember erneut gefallen ist, und das Leichentuch, das die Blocks bedeckt, mildert etwas das düstere Aussehen dieser Backsteinkasernen.

Kleiner Zufall: … Weihnachten fiel 1944 auf einen Montag.

Große Folge: Das Lager hat Samstagabend das Brot für drei Tage erhalten. Die nächste Verteilung wird erst wieder Dienstag sein.

Ergebnis: Die ausgehungerten Menschen, das ganze Lager mit Ausnahme der Drückeberger[17], haben ihre Rationen sofort verschlungen. Und im Lager herrscht nun umso größerer Hunger.

Seit der Dämmerung gibt es nicht einen Krümel Brot mehr in den drei Lagern von Auschwitz. Der Mangel führt sofort zu einer Kursexplosion, und der Preis für das Standardbrot der deutschen Armee (vier Rationen), das Grundnahrungsmittel der Konzentrationslager, erhöht sich von 28 auf 40 Zigaretten.

Am Abend des 24. erlebte ich den merkwürdigsten Heiligabend, den ein Mensch sich vorstellen kann.

Jeder läuft noch isolierter als sonst herum. Der Hunger quält Magen und Geist, und alle denken nur an eines: versuchen, etwas zu finden, womit man diesen Vampir, der einen von innen her aussaugt, beruhigen kann.

Die Drückeberger von 13 a[18], dem Block, in dem ich mich befinde, haben beschlossen, die Geburt Christi auf ihre

17 Als »Drückeberger« (»*planqués*«) bezeichnet Bialot die Lagerfunktionäre, die im Lagerjargon »Prominente« genannt wurden; zu ihnen gehörten unter anderem Kapos, Köche, Pfleger, Friseure, Nachtwachen, Ausfeger, Scheißmeister. Auch Juden konnten »Prominente« werden. Siehe hierzu Primo Levi, *Ist das ein Mensch?* (1958) [Anm. d. Ü.]

18 Die Blocknummer bezieht sich automatisch auf das Erdgeschoss des jeweiligen Blocks. Der Zusatz »a« bezeichnet immer den ersten Stock.

Weise zu feiern. Sie sind alle Grüne. Der Blockkommandant, der Schreiber und ihre Pipel haben es sich in der Schreibstube gemütlich gemacht. Vermutlich mit Hilfe eines Meisters und eines 76 000 ist es ihnen gelungen, sich Geflügel zu besorgen.

Die »Meister« sind Zivilpersonen, die als Techniker Zutritt zum Lager haben. Wenn die SS-Leute für die Arbeiten im Lager unter den Deportierten niemanden finden, der kompetent ist, lassen sie einen von draußen kommen. Natürlich nehmen diese Männer an dem Schwarzhandel teil, den die SS-Leute organisieren oder überwachen.

Und manchmal geschieht das Unglaubliche. So hat man mir beispielsweise eine Geschichte erzählt, an denen Personen beteiligt waren, die ich zum Teil kannte. Einer der 76 000 war an einer Blinddarmentzündung erkrankt. Entweder Operation oder Tod. Es herrschte kein Mangel an ausgezeichneten Chirurgen unter den deportierten Ärzten. Es fehlte lediglich am Narkosemittel.

Mit Hilfe der Meister und gegen eine gigantische Menge Zigaretten brachten die 76 000, unter denen eine unerhörte Solidarität herrschte, das Medikament ins Lager, und ihr Kamerad konnte operiert werden. Er hat den Eingriff überlebt.

Am 24. Dezember 1944 feiern die Drückeberger des Blocks also Weihnachten mit einer gebratenen Ente, während die Hungerleider den Duft einsaugen.

Man kann schon aus geringerem Anlass zum Mörder werden, und die Grünen haben sich abgesichert, indem sie die Tür verbarrikadiert und sich mit Schlagstöcken bewaffnet haben. Die Lust zu töten hat ebenfalls einen Geruch.

Montag, 25. Dezember. Feiertag, das Lager quillt über von Menschen. Wie immer sucht jeder, sobald es eine kurze Ruhepause gibt, nach einem Landsmann, besucht manchmal einen Kameraden, denkt im Grunde aber nur an eines, den Schrei zum Schweigen zu bringen, den er in sich herumschleppt: essen. Vielleicht hat diese dramatische Obsession, schlimmer als das sexuelle Verlangen, so manchen Selbstmord verhindert. Denn der Hunger ist tatsächlich ein hervorragender Radiergummi, der alles auslöscht, was einen umgibt, und einen daran hindert, in sich hineinzuschauen, sich an den vergangenen Tag zu erinnern, sich den nächsten auszumalen, und an die zu denken, die man geliebt hat. Geliebt hat, Vergangenheit, denn im Lager gibt es keine Liebe. Die Fantasien verschwinden, das Bedürfnis nach Zärtlichkeit erlischt, übrig bleibt nur der nackte Überlebensinstinkt: essen. Und erst wenn der Magen befriedigt ist, kehrt das sexuelle Verlangen zurück. Ein Asket wird nicht an der Abstinenz sterben, er wird krepieren, weil die sich wiederholenden Hungeranfälle ihn erschöpft haben. Den Drückebergern bleibt nur eine primitive Form der Sexualität, die Masturbation, wenn sie nicht über einen Pipel verfügen, der ihnen ganz allein gehört. *Nicht einer* der Überlebenden aus meinem Bekanntenkreis, alle einfache Hungerleider, hat mir von körperlichen Begierden während der Deportation erzählt, nicht einer!

Ich komme um vor Hunger. Und da stehe ich plötzlich vor einer Küche.

Das ist einer der Orte, die ich meide wie die Pest. Oh, aus einem ganz einfachen Grund. Ich erinnere mich sogar an das Datum: Es war der 2. September, der dritte Tag in Auschwitz I, dem Stammlager, nach unserem Aufenthalt in Birkenau. Wir trugen noch keine Dreiecke und Kennnummern auf Jacke und Hose.

Und ich bin zum Kartoffelschäldienst eingeteilt. Wie in jeder x-beliebigen Kaserne.

Ein riesiger Tisch mit Holzbänken an jeder Seite. Die Mützen sind am Eingang abgelegt worden. Es ist verboten, ohne Kopfbedeckung herumzulaufen. Draußen muss man die Mütze tragen, um sie zum Grüßen abnehmen zu können, wenn man einem SS-Mann begegnet. Die Männer sitzen sich gegenüber, mit rasierten Schädeln, die Gesichter von der Unterernährung ausgemergelt, und mit glänzenden Augen. Sie haben sich verändert, meine Kameraden. Und jeder von ihnen ist mein Spiegelbild. Diese Ringe unter den Augen, diese Augen, die tief in ihren Höhlen liegen, diese hervorspringenden Backenknochen, das bin ich.

Die Kartoffeln liegen in den Körben. Man hat uns Schabeisen gegeben.

Der für die Küche zuständige SS-Mann ist ständig um uns herum. Ein SS-Mann: nicht nur eine Tötungsmaschine, sondern auch ein Sadist.

Bei der Gestapo in Grenoble hatte ich entdeckt, was man empfindet, wenn man mit dem Schlagstock misshandelt wird oder wenn man, allein und nackt, vier Schlägertypen ausgeliefert ist. Ich habe auch erfahren, wie furchtbar es sich anfühlt, wenn einem der Kopf in einer Badewanne unter Wasser gedrückt wird. In Birkenau habe ich mir eine Ohrfeige eingefangen. Und hier, in der Häftlingsküche, eine weitere Einführung ins Lagerleben: von einem Mann in Stiefeln mit Fußtritten traktiert zu werden.

Ich schäle schweigend meine Kartoffeln, ohne den Kopf zu heben. Und die Ohrfeige kommt von hinten, um auf meinem rechten Auge zu landen.

Eine Hand packt mich am Jackenkragen. Instinktiv strecke ich meine Beine aus und halte mich mit den Füßen an der Randleiste des Tisches fest. Es nützt alles nichts. Nach hinten geschleudert, finde ich mich auf dem Boden wieder und werde unter einem Hagel von Beschimpfungen von dem Dienst habenden SS-Mann mit voller Wucht getreten.

Es ist umso erschreckender, als ich den Grund nicht verstehe. Es hagelt Tritte, blindwütig, der Stiefel trifft den Bauch, den Brustkorb. Das alles begleitet von einer Flut von Beschimpfungen, in der von meinem Arsch, von meiner Mutter, von der Art, wie ich gezeugt wurde, die Rede ist, darunter ganz wunderbare Ausdrücke, die ich nur auf Deutsch kenne; obwohl auf diesem Gebiet auch das Russische und das Polnische nicht zu verachten sind.

Die Kameraden senken den Kopf noch ein bisschen weiter. Keiner sieht etwas, aber niemandem entgeht auch nur das geringste Detail des Schauspiels. Völlige Stille, nur unterbrochen vom Ächzen des SS-Mannes und vom Schleifen meiner Absätze über den Zement.

Ich bin nur deswegen am Leben geblieben, weil ein Kapo dazwischenkam, der seinen Boss holte, um anderswo ein Problem zu regeln.

Mein Verbrechen? Ich schälte die Kartoffeln, obwohl sie nur abgeschabt werden sollten. Später, sonntags, als die Suppe durch Pellkartoffeln ersetzt wurde, kam ich darauf, dass es von Vorteil war, seine Kartoffeln geschält und zum Schluss die Schalen zu essen. Die Mahlzeit dauert länger, und man kann das Menü abwechslungsreicher gestalten.

Ich bin nicht in den KB gegangen. Zu gefährlich zu dieser Zeit. Ich litt tagelang unter Schmerzen im Brustraum. Dafür wurde ich in Block 8 bekannt wie ein bunter Hund. Ich war der Idiot, der das Gemüse schälte, anstatt es abzuschaben, der aber nicht geschrien hatte, als der SS-Mann ihn körperlich züchtigte.

Noch eine Entdeckung mit meinen zwanzig Jahren. Wenn man in einer unbarmherzigen Welt Mitleid erregt, ist man tot. Wenn man dagegen vor Angst zittert, sich aber nichts anmerken lässt, dann wird man respektiert und in Ruhe gelassen.

Kurz darauf begegnete ich Pierre. Seinen Namen habe ich nie erfahren, und ich erinnere mich auch nicht an seine Kennnummer. Aber seine Geschichte zeigt, wie man sich in Extremsituationen Respekt erwerben kann.

Er ist ein junger Jude aus Paris. Beruf: Industriezeichner. Ein Mann in den Dreißigern, der einen stinknormalen Beruf in einem stinknormalen Leben ausübt. Nichts prädestiniert ihn dazu, tollkühn oder ein romantischer Held zu sein. Nichts, außer dass er verheiratet ist. Außerdem hat er zwei Kinder, denen es zusammen mit seiner Frau gelungen ist, sich unter einer falschen Identität im Süden Frankreichs zu verstecken.

Der Krieg ... Entlassung aus dem Militärdienst ... Die übliche Karriere ... Die unbesetzte Zone, Verhaftung.

Er macht Bekanntschaft mit dem Gefängnis in Toulouse, und nach der obligatorischen Untersuchung, wo festgestellt wird, ob man eine Vorhaut hat, ab nach Drancy.

1942. Pierre kommt Ende des Herbstes hierher, als der Himmel weint vor Demütigung, ein solches Land bedecken zu müssen, als die Erde aus Scham ihren flüssigen Schlamm auskotzt und als die Steine und die Bäume vor Wut und Ohnmacht stöhnen. Die Einzigen, die noch in der Lage sind zu stöhnen. Es ist die Zeit der großen Massaker, der grauen Tage, der schwarzen Morgendämmerungen, in der die Kommandos mit einem präzisen Befehl durch das Tor gehen: töten! Das Orchester bläst das Halali, der Posten am Tor hakt die Liste ab, die Kapos warten. Und bei der Rückkehr am Abend spielt das stets präsente Orchester. Brust raus, Freunde, im Gleichschritt, Kopf hoch! Hinten bringen die Träger die Leichen des Tages, frisch niedergemetzelt oder frisch gehängt, zurück. Drei vom Straßenbau, fünf vom Kohlenplatz, zwei vom Holzhof. Spiel, Orchester, marschier, Kamerad, schlag mit dem linken Fuß das Bumm der großen Trommel! Arbeitsende, Filzen, die Karawane geht durchs Tor, die Toten folgen, ähneln sich alle.

Anfang 43 Selektion jeden Sonntagmorgen, natürlich vor der Suppe, man muss ordentlich sparen für das Heilige Römische SS-Reich Deutscher Nation. Man wird doch nicht Kerle füttern, die nachmittags tot sein werden.

Und eines Sonntags trifft es Pierre. Der Dienst habende SS-Mann fühlt sich an diesem Morgen etwas müde. Gretchen war in der Nacht wohl anspruchsvoll, vielleicht auch ein bisschen pervers. Er ist nicht pervers, nicht verdorben, nur müde, erschöpft, dieser Krieg, der dauert und dauert … Also wendet er sich an Pierre.

»Heute wirst du, der Franzose, die Selektion machen.«

Pierre steht reglos da, die Mütze in der Hand, und der Befehl trifft ihn wie eine Naturkatastrophe. Immer noch in Habachtstellung, mit bloßem Kopf, den Blick in die Ferne gerichtet, antwortet er, ebenfalls sehr müde.

»Nein, Herr Oberscharführer, nein, das werde ich nicht machen.« Der SS-Mann kratzt sich das rechte Ohr. Na so was, denkt er, ich hör wohl schlecht. Sollte ich mich verhört haben? Ein Häftling weigert sich zu gehorchen?

Das Spiel wiederholt sich.

Der Unteroffizier sieht den Franzosen scharf an, mustert ihn, während er um ihn herumgeht, zieht das Gerippe des Zeichners in Gedanken nackt aus, zählt die Rippen, die deutlich zu sehen sind, und rechnet aus, wie viele Stunden er noch zu leben hat. Der Deutsche spielt mit seiner Gerte, schlägt sie gegen seinen schwarz glänzenden Stiefel.

Er ist wirklich sehr müde heute Morgen.

»Wie du willst, aber du wirst als Erster in die Gaskammer gehen.«

»Zu Befehl, Herr Oberscharführer, ich werde als Erster in die Gaskammer gehen.«

Ende 44. Pierre ist noch immer am Leben. Männer und Frauen seines Schlags findet man einige. Mehr, als es auf den ersten Blick scheint. Einfache Menschen, die ihre Angst vor der Angst bezähmt haben. Sterben ist nichts. Ein Atem, der erlischt, und Schluss. Das wirklich Schreckliche ist die Angst.

Obwohl ich Schiss habe, bin ich noch einmal in die Küche zurückgekehrt.

Hier, auf diesem Schiff, das mit uns auf dem schönsten Meer der Welt fährt, wird mir klar, dass vielleicht die Abfolge meiner »Heldentaten« mir erlaubt hat, etwas länger durchzuhalten, bevor ich ein Prä-»Muselmann«[19] wurde, wobei klar war, dass bei jedem Verstoß gegen das SS-Gesetz mein Leben auf dem Spiel stand.

Ich erinnere mich nicht, von wem die Idee stammte. Wahnsinn! Absoluter Wahnsinn! Aber sie wurde immer stärker, sie setzte sich fest, und eines Tages schritten wir zur Tat.

Mit einem Kameraden reihte ich mich in die Schlange der Zwangsarbeiter ein, die die Suppe für die Nachtschicht holten. Die Fabriken der Union beispielsweise, eines der Kommandos, die Waffen herstellten, arbeiteten in zwei Schichten von jeweils zwölf Arbeitsstunden für jede Mannschaft.

Die Suppe wurde in riesigen Holzkübeln zu den Baustellen gebracht, die an zwei beweglichen Stangen befestigt waren, die von zwei Männern getragen wurden. Die kleinen Kommandos, etwa die Elektriker oder die für die Wasserzuteilung zuständigen Männer, bekamen sie in dem Feldkessel, den jeder Soldat aus dem Krieg kennt. Wir griffen uns ganz ruhig einen Kübel und marschierten los, das Fässchen schön gerade haltend zwischen uns, ohne Eile; das vor allem, um uns mit unseren fünfundzwanzig Litern flüssiger Nahrung in einer Ecke zu verstecken.

19 Ein Begriff, der im Lagerjargon die Männer bezeichnet, die das Endstadium des Kräfteverfalls erreicht haben. Ein Mensch, der bereits tot ist, aber noch atmet, der nur noch reflexhaft reagiert und der, ich habe es selbst gesehen, auf Grund seiner Erschöpfung unfähig ist, seinen Löffel zum Mund zu führen. Muselmann zu sein bedeutet, völlig am Ende zu sein. Wenn man jemanden als »Muselmann« bezeichnete, bedeutete das, dass er jeden Augenblick sterben konnte. Eines »natürlichen« Todes, versteht sich, oder in der Gaskammer bei der nächsten Selektion. Den Zustand des Muselmanns erreichte man im Schnitt nach sechs bis sieben Monaten.

Highlife! Mein Kumpel und ich, wir aßen, aßen, aßen. Anschließend kotzten wir uns die Seele aus dem Leib und fingen dann natürlich erneut an zu essen, bis wir platzten.

Und voll bis obenhin, im Kopf aber immer noch den unstillbaren Hunger, überließen wir den Kessel ein paar ausgehungerten Kameraden, die uns entdeckt hatten und ungeduldig darauf warteten, dass das Festmahl der Löwen beendet wäre.

Zurück zu den Quellen. Da Weihnachten ist und das Ungeheuer mich noch immer von innen her auffrisst.

Ich schleiche also um die Küche herum.

Ein Wunder! Ich entdecke eine Rübe, die mein Schutzengel, oder sollte ich besser sagen mein böser Geist, verloren haben muss. Ich hebe das rötliche und gefrorene Ding auf und verschlinge es auf der Stelle. Köstlich!

In der Nacht Koliken. Und als ich wieder zur Arbeit muss, bin ich krank. Seit einiger Zeit arbeite ich auf der Baustelle von Petersen, einer Firma, die damals die Abwasserkanalisation für das Lager baute. Ein deutsches Unternehmen, das von der SS Arbeitskräfte aus dem Konzentrationslager mietete. Die Arbeit war hart und wurde von einem unglaublichen Kapo beaufsichtigt. Auch er ein Killer. Ein Grüner, der die Nr. 3 trug. Er hatte Auschwitz also mit EINGEWEIHT.

Er war ein schmaler, langer Riese, der während der Mittagspause, der von allen so sehnlich erwarteten Essenszeit, wie ein Wahnsinniger mit seiner Schöpfkelle auf die ausgehungerten Männer einschlug, die zum Essen liefen. Ich habe keine Ahnung, warum, aber mich rührte er nicht an und nannte mich »den Mageren«. Im Reich der Muselmänner als »mager« bezeichnet zu werden, bedeutete nichts Gutes. Es sei denn, auch die Killer hätten Sinn für Humor.

Krank, fiebrig, mit tobenden Eingeweiden, schleppe ich mich zu einem der Feuer der Baustelle. Wir bauten bei unglaublich niedrigen Temperaturen eine Kanalisation aus Zement oder Beton, und damit wir dazu überhaupt fähig waren, bestrahlte eine Reihe von offenen Wärmeöfen die Baustelle.

Der Unterkapo, ein deutscher Roter, kompetent in seiner Arbeit, erlaubt mir, mich aufzuwärmen. Ich verbringe den Tag zwischen Latrine und Baustelle. Am nächsten Tag das Gleiche.

Eine Rübe ist etwas Gutes, aber sie kann einen auch umbringen. Und am 28. Dezember, ein Datum, das ich nie vergessen werde, der Geburtstag meiner Mutter, halte ich es nicht mehr aus und gehe zur Untersuchung in den KB.

Es gibt zwar keine Selektionen mehr. Aber der Krankenbau hat immer noch einen solchen Ruf, dass man ihn nur gezwungenermaßen, wenn es gar nicht mehr anders geht, aufsucht. Wer weiß schon, was im Kopf des Lagerführers vor sich geht und was für eine neue Schweinerei er sich ausdenkt, um den Krankenbau leer zu bekommen.

Erste Untersuchung durch einen deportierten Arzt. Er befindet mich für krank genug, um mich an einen SS-Arzt zu verweisen.

Ich bin nackt. Ein Krankenpfleger schreibt mit einem Tintenstift meine Kennnummer in riesigen Ziffern auf meine Brust. Ich bin wirklich zu einem Tier geworden. Ein paar erklärende Worte des Kollegen Häftling zu seinem SS-Kollegen, und das Urteil steht fest: »Einweisung in Block 19, in die

Durchfallstation«, Abteilung Ruhr, Koliken und Dünnschiss aller Art.

Block 19. Die »Abteilung« wird von Doktor K. geleitet, einem Arzt aus Antwerpen, dem Doktor Pollack, ein Österreicher, assistiert.

K. ist ein Heiliger. Er kümmert sich um seine Patienten. Aber er hat auch seine Schützlinge und ist auf seinen Vorteil bedacht. Unter seinem Regiment ergibt jedes Brot fünf Rationen statt vier. Das eingesparte Brot bleibt Eigentum des Arztes und seines Hofstaats.

Er ist kein schlechter Mensch, dieser belgische Arzt, aber: »Es ist doch Auschwitz, Mensch!«, die Antwort, die ein Kapo einem Häftling gab, den er mit seinem Schlagstock verprügelte. Der Mann schrie, fragte: »Aber warum, Kapo, warum, ich hab doch nichts getan?« Und der andere erwiderte: »Es gibt kein Warum, es ist doch Auschwitz, Mensch!«

Pollack ist aus anderem Holz und nach wie vor ein feiner Herr der alten Schule. Interniert seit 1938, hat er demnächst sein sechstes Lagerjahr hinter sich. Er kennt sie alle, Dachau, Flossenbürg, Mauthausen, Buna ... Ein echter Fremdenführer, dieser Mann: Sachsenhausen? ... Ist einen Umweg wert, zu vermeiden. Dora? ... Lohnt die Reise nur wegen des Tunnels und der Entlassung durch den Schornstein ...

Für ihn sind der Tod, das Leid Alltag, begleitet von der Einsicht, dass alles, was man ihn gelehrt hat, nutzlos ist. Medizin ... Wofür? Behandeln ... Womit? Den Schmerz lindern ... Gibt es ein Mittel gegen die SS und die Kapos, ein Sulfonamid gegen die Dummheit, eine Antiblödheitssalbe?

Jeden Morgen kommt er in die »19«, wie aus dem Ei gepellt, in seinem weißen Kittel; seinen Schädel, ein großzügiges Zugeständnis der SS, ziert ganz kurz geschorenes Haar, das eine glänzend weiße Bürste bildet.

Er kommt herein, bleibt stehen, salutiert vor dem SDG[20]. Jeden Morgen schlägt der alte Offizier des österreichischen Gesundheitsdienstes die Hacken zusammen vor dem winzigen SS-Krankenwärter, dem wahren Herrn des Krankenbaus.

Die Visite beginnt. Er geht an den Bettstellen vorbei und fragt:

»Herr Dupont! Wie viele Stühle haben Sie heute gehabt?«

Pollack ist der einzige Mensch im Lager, der seine Kranken mit »Herr« anredet.

Der Einzige, der die Vorstellung mit der Kennnummer ignoriert. Gewiss, für den Papierkram verwendet er sie, aber in seinen Wortschatz hat er sie nie aufgenommen. »Herr …« Dieses einfache Wort wird zu einer Königskrone, die einer Gestalt, Schatten ihrer selbst, zuteil wird, deren Leben zu Ende geht, indem sie sich in ihr Bett entleert. »Herr …« hat nicht mehr die Kraft, aufs Klo zu rennen, er wird sein Leben dort aushauchen, verlassen von allen, aufgegeben von seinem ausgemergelten Körper, der am Ende ist; er wird in seiner eigenen Scheiße krepieren, aber mit einem Adelstitel, einem unbestimmten Gefühl, noch zu leben, »Herr« und nicht 125 000 und noch was.

»Herr Suverbil! Wie viele Stühle haben Sie heute gehabt?«

»Fünf!«

Ich bin unter meinem Decknamen deportiert worden, und abgesehen von meiner Kennnummer heiße ich für die La-

20 SS-Sanitätsdienstgefreiter.

gerverwaltung Jules Joseph Souverbielle. Das ist ein Name aus dem Béarn, der mir Ende 42 aus Menschenfreundlichkeit, mit einer richtigen Geburtsurkunde, von meinem ehemaligen Arbeitgeber, durch und durch Katholik, in einem kleinen Marktflecken der Basses-Pyrénées[21] in der Nähe von Pau vermacht wurde. Unter diesem Namen habe ich bis zu meiner Rückkehr nach Marseille am 11. Mai 45 gelebt.

Herr Pollack spricht diesen Namen mit südwestfranzösischer Färbung deutsch aus: Suverbil!

Auf diese Weise habe ich in meinem Leben mindestens zwei achtenswerte Menschen kennen gelernt, meinen Arbeitgeber: Léonce Souverbielle (Suverbil ...) aus Coarraze und Doktor Pollack aus Wien.

Ja, Herr Pollack, ich hatte heute fünf Stühle. Das stimmt nicht, es geht mir besser; aber eine solche Antwort führt dazu, dass er mir eine süße weiße Paste verabreicht. Niemand weiß, woraus sie besteht, aber jeder schätzt ihren zuckersüßen Geschmack, außerdem ist sie gut gegen den Dünnpfiff, also ...

Auch andere Ärzte nehmen ihren Beruf ernst, indem sie den einen retten, den anderen an einem Selektionstag verstecken, seltene Medikamente bei den SS-Ärzten stehlen, um einem Landsmann, einem Freund, einem Kampfgenossen zu helfen. Sie betrügen, um zu behandeln, stehlen, um zu helfen, betteln, um zu »heilen«, prostituieren sich, um auf ein zutiefst verzweifeltes SOS zu reagieren.

Doktor Pollack ist ein paar Tage vor der Befreiung getötet worden.

*

21 Heute Pyrénées-Atlantiques.

Die *Bergensfjord* fährt in die Meerenge von Messina ein.

An Backbord Sizilien und gegenüber Kalabrien. Auf beiden Seiten des Schiffs ist das Land zum Greifen nah. Es wird Abend, und ich glaube, ich habe niemals ein so friedliches Eckchen wie dieses Stück Meer kennen gelernt.

Ich möchte mich waschen und mache mich auf den Weg zu den Duschen. *First-class*-Luxus. Zum ersten Mal wasche ich mich mit Meerwasser. Überraschung: Die Seife schäumt nicht. Was macht das schon ... Das Bild einer anderen Höllennacht im Lager kehrt zurück. Eine andere Dusche ...

November 44. Es regnet. Nachdem der erste Schnee gefallen ist, ist es milder geworden, und der Boden wird schlammig.

Auf den Baustellen sinken die Männer bis zu den Knöcheln ein, und jeder Häftling schleppt Stiefel aus grauem Lehm mit sich herum, die an seiner Hose kleben. Jeder Schritt, den man tut, um sich aus diesem Morast zu befreien, ist eine zusätzliche Anstrengung, kostet Kraft und zerstört die potenziellen Muselmänner etwas schneller. Seit drei Tagen regnet es. Auf den Baustellen verklemmen sich die Loren und entgleisen manchmal unter dem Gebrüll der Kapos, die zuschlagen und sich schließlich gezwungen sehen, die Hand in den Matsch zu stecken, um die Kipploren wieder auf die Schienen zu befördern. Man muss unbedingt verhindern, dass das Gleis blockiert und die Bewegung langsamer wird. »Bewegung!« Das ist der Schrei des Lagers.

Sonntag. Eine Pause inmitten des Desasters. Ein Sonntag, der auf die Fensterscheiben der Blocks Worte in der Sprache des Regens schreibt, immer dieselben. Wird es denn nie enden?

Und dann trifft es uns erbarmungslos: »Entlausung!« Die elfte Plage Ägyptens, jene, die die Bibel sich nicht auszumalen wagte.

In Deutschland hat man panische Angst vor Epidemien und besonders vor einer Typhusepidemie. Diese verteufelte Krankheit hat gegen Ende des Ersten Weltkriegs in Osteuropa gewütet, und die Erinnerung daran ist lebendig geblieben.

Unter normalen Umständen ist eine Laus nichts furchtbar Schlimmes. Ich bin in die Gemeindeschule in Belleville gegangen, und jedes Kind im Viertel kannte »Marie Rose«, den »duftenden Tod der Läuse«, ein Wundermittel für die Köpfe der Kleinen.

In Birkenau entdeckte ich nach zwölf Tagen Zugfahrt und neun Tagen in der Baracke Filzläuse. Es juckt … man kratzt sich. Hier kennt jeder die Formel: »Eine Laus, dein Tod!« Eine einzige Laus in einem Block führt zu sofortiger Desinfizierung. Entlausung!

Das Filzen beginnt. Die gesamte Blockhierarchie ist angetreten, vom Stubendienst über den Schreiber und den Blockältesten bis hin zum SS-Blockführer.

Die Männer sind nackt und wirken, während sie so dastehen, die Kleider zu ihren Füßen, noch jämmerlicher. Jeder sieht seinen Nachbarn an, entdeckt auf der Haut des anderen die Spuren seiner eigenen Zerrüttung, seines nahenden Verfalls, die Zeichen seines eigenen miserablen Zustands, Vorboten der Todesanzeige, der Bitte um Einäscherung. Die wenigen Drückeberger bilden mit ihrer rosigen Rundlichkeit einen eigenartigen Kontrast zu diesem Haufen magerer grauer Körper. Es ist verrückt, wie geradezu unanständig ein dicker Körper unter Menschen wirkt, die zu Skeletten abmagern.

Neuer Befehl. Hemd aufheben und Nähte umdrehen! Der Blockälteste kontrolliert.

»Gut … gut …«

Und die Blase platzt. Die Blase wahnsinniger Wut, die sich in Schreien, Beschimpfungen, Flüchen auf Deutsch, Polnisch, Russisch entlädt: »Scheiße, Dreckskerl, *Piérunié, Skourve sinn*!« Da … auf der Naht … am Ärmelloch kommt das Monster zum Vorschein. Da läuft es, das kleine Insekt, der winzige Parasit. Die Laus! Das hochwohlgeborene Ungeziefer. Da ist er, der Schrecken des Lagers, der öffentliche Feind des Dritten Reichs, das winzige Tierchen, das mordet. Oh, nicht direkt, nein, aber eine einzige Laus in einem Block genügt, und alle Männer der Baracke werden desinfiziert. Und dieses Dreckszeug tötet.

Noch am selben Abend rückt die »Königliche Filzlaus«, das ganze Regiment, aus, macht sich mit Waffen und Gepäck und seiner einzigen Laus auf den Weg zum Desinfektionsbau.

Halt in der Allee, vor der in die dunkelroten Ziegel eingelassenen Tür. Befehle, Schreie, Schläge.

Es regnet. Die Männer ziehen sich aus, falten die Kleider, die sie mit ihrem Gürtel zu Paketen zusammenbinden. Sie stehen nackt im Regen, haben nur noch ihre Schuhe an den Füßen. Die Luft riecht nach Herbst, nach nahem Schnee, und der derbe Geruch der aufgeweichten Erde vermischt sich mit dem dumpfen Duft der Körper.

Es regnet. Langsam kriecht die Kälte an ihnen hoch, dringt in die Muskeln ein, lässt Sehnen und Fleischfasern erstarren.

Das Wasser strömt aus den Dachrinnen, prallt auf die geschorenen Schädel, rinnt über die Nacken. Die Zähne klappern, die Haut zittert, die Knie schlackern, der Regen spielt Piano-Jazz in den Pfützen, die in den Rinnsteinen glänzen.

Die auf einen Wagen getürmten Kleider machen sich auf den Weg zum Sterilisationsofen. Und die Männer warten. Die Zeit zieht sich, dehnt sich, zerfasert.

Es regnet. Und es dauert eine Stunde, zwei, manchmal die ganze Nacht. Die Männer warten. Der Tod, versteckt in seiner Ecke, wartet ebenfalls geduldig. In aller Ruhe trifft er seine Wahl. Sieh an, der da macht einen ziemlich kaputten Eindruck, der scheint reif zu sein. Ein Geräusch, Gemurmel, aufgeregte Bewegung. Der erste Körper fällt hin. Zu verbraucht, dieser kräftige Bursche, er ist schnell gestorben. Zum Glück schneit es nicht, denn unter dem Schnee ... Nein, heute Abend regnet es nur.

Eine weitere Stunde ... Erneut ein Geräusch, wieder bricht ein Körper zusammen. Er macht »klack«, als er auf den Boden schlägt, einfach nur klack. Eine Ohrfeige ohne Echo. Die Zeit zieht sich, die Tür in dem Gebäude öffnet sich. Ein Befehl. Alle drängen nach vorn. Nur fünf, fünf! Der Schlagstock saust nieder, ein Körper gleitet aus, eine Kehle schreit unter dem Getrampel der fünf, die losstürmen und hineindrängen. Und dort das Glück, die glühend heiße Dusche, das warme Leben, das aus den Rohren strömt. Desinfektion: Jeder bleibt vor einer Hilfskraft des Blocks stehen. Ein Schwamm wird in einen Eimer getaucht, vier Bewegungen, über den Kopf, unter den Armen, über die Scham, ein scharf riechendes Mittel gleitet über die Haut, wird heiß, reizt die Haut, anscheinend tötet es auch die Läuse, Brüllen,

Befehle … Raus! Ausrutschen, Schreie, der Dampf brennt, Gespenster laufen durch den Nebel, greifen nach ihren Schuhen, die draußen geblieben sind, schnell, schnell, Handtücher gibt es nicht, Gerenne zur Allee unter einem Baldachin von Schlagstöcken, die die Rennenden antreiben.

Die Nächsten! Die nächsten fünf! Die Straße im Regen. Die nackten Körper haben keinen Halt in den offenen Schuhen und torkeln bei ihrem Sprint wie Zombies bei einer Voodoo-Zeremonie, Zombies ohne Fleisch, die sich im Laufen üben. Kurs auf den Block, Schulter an Schulter, wilde Tritte, Geschubse, Gerangel zu zweit, zu viert, hin zum Steingutofen. Man wartet auf die Klamotten. Das Warten dauert … dehnt sich zu einer Ewigkeit, Rückkehr der Kleider. Jeder sammelt seine Sachen ein, legt sich hin und schläft endlich ein. Zusammengebrochen, von der Erschöpfung übermannt, schlafen die Männer.

Und unbarmherzig der morgendliche Schrei …

»Aufstehen! Aufstehen!«

Auf der *Bergensfjord* ist es mir plötzlich egal, dass die Seife nicht schäumt. Mit Meerwasser duscht es sich prima.

*

Block 19.

Das Jahresende steht bevor. Hier weiß inzwischen jeder, dass in den belgischen Ardennen wieder die Sonne scheint und dass die Luftwaffe der Alliierten endlich an der Schlacht teilnehmen kann.

Es hat wieder geschneit. Alles ist weiß. Die Abteilung Dünnpfiff-Scheiße-und-Leichen mit ihren dreistöckigen Pritschen beruht auf dem immer gleichen Prinzip. Diejenigen, deren Zustand sich bessert, schlafen oben. Die Mitte ist den Häftlingen zugeteilt, die dem Tod von der Schippe gesprungen sind.

Unten: die Sterbenden, diejenigen, die nicht mehr aufstehen können und ihren Darm ins Bett entleeren. Die Männer entleeren sich in rasender Geschwindigkeit, verflüssigen sich, sterben. Seit damals frage ich mich, was die Ruhr von der Cholera unterscheidet. Welcher Gestank ist stärker?

Medikamente? Eine Tannalbin[22]-Tablette und die weiße Paste des österreichischen Arztes. Ansonsten …

Und dann ist Neujahr.

1. Januar 1945!

Ein paar Burschen schütteln sich die Hände. Ich habe keine Erinnerung an Glückwünsche. Jemandem im Lager ein gutes Neues Jahr zu wünschen grenzt an Provokation. Oder wenn schon, dann auf eine ganz neue Art, da der Zynismus noch immer ein Mittel ist, sich zu schützen, etwa so: »Ein gutes Neues Jahr, gutes Scheißen, krepier schnell, dann stinkst du weniger.«

Neujahr. Das einzige Mal, dass ich wirklich die Nerven verlor und einen Weinkrampf bekam.

Ich begegnete hier den bleichen Männern, aus denen der letzte Rest Leben gewichen war, Typen mit irrem Blick, Häftlingen, die ihre Umgebung nicht mehr wahrnahmen, lebendigen Toten, Muselmännern, die wie Gespenster herumliefen, geräuschlos und teilnahmslos. Ich habe Menschen gesehen, die vor sich hin brabbelten, die in Wirklichkeit mit

22 Eine gelbliche Tablette auf Tanninbasis, wie man mir gesagt hat. Wahr? Falsch?

sich selbst sprachen, weil sie die anderen nicht mehr hörten und ihnen nicht antworten konnten. Ich habe gehört, wie C., ein Kamerad, während einer der körperlichen Züchtigungen durch die Grünen brüllte: »Fünfundzwanzig auf den Arsch.« Eine einfache Bestrafung. Der Mann liegt mit heruntergelassenen Hosen über einem Hocker und erhält fünfundzwanzig Schläge mit einem Schaufelstiel auf den Hintern. Wenn der Blockführer nicht zu fest schlägt, wenn das Holz nicht ausrutscht und die Wirbelsäule nicht bricht, wenn das Becken standhält, dann wird man ihn wieder sehen. Andernfalls … Schmerzensschreie … mein Kopf ist davon erfüllt, auf den Baustellen, bei der Suppe, beim Appell, in den Blocks. Die irren Schreie gehören untrennbar zu den Lagern. Schreie des Leidens, Klagen von Männern, die wieder zu kleinen Kindern geworden sind, gellendes Keuchen von Tieren, die ihr Leben aushauchen. Aber ich habe niemals einen Mann weinen sehen, außer eines Abends Simon, als das Fass zum Überlaufen voll war.

Ich wachte am 1. Januar auf, ich trank das Gebräu, das Kaffee genannt wurde, und genoss die weiße Süßspeise von Doktor Pollack.

Und dann kam Adolphe herein.

An dem Tag sah ich ihn zum letzten Mal. Ich weiß nicht, ob er überlebt hat, ob er zu den Überlebenden des Todesmarschs gehört, der am Ende von Auschwitz stand. Nacht und Nebel.

Adolphe Dahan ist ein französischer Jude algerischer Abstammung.

Beruf? Friseur.

Wir waren weder befreundet noch einander gleichgültig,

wir verkehrten einfach nur miteinander. Ich überlebte in einer Gruppe von jungen Burschen und Aktivisten; er hatte die Dreißig überschritten und war vor allem mit den Sepharden aus Algerien zusammen. Unsere Beziehung in den Momenten der Ruhe war also recht oberflächlich. Wir gehörten lediglich demselben Transport an, dem der »Ausflügler«, die aus Drancy, Compiègne, Mérignac oder von anderswoher zu einer zwölftägigen Reise mit »unbekanntem Ziel« aufgebrochen waren.

An diesem ersten Tag des Jahres 1945 kam Adolphe Dahan also in den großen Saal von Block 19.

Durch Zufall der Friseur eines Blocks geworden, ist Dahan jetzt ein Drückeberger, er ist Blockfriseur, ein Meister des Friseurhandwerks.

Da er ausreichend zu essen bekommt, hat er wieder etwas zugenommen und ein menschliches Aussehen zurückgewonnen. Durch seine Arbeit konnte er sich einen Vorrat an Zigaretten anlegen, und als Kapitalist ist es ihm gelungen, sich, weiß der Teufel woher, eine Packung Kekse zu verschaffen, kleine Kekse der Marke »LU«, und er ist auf die wahnwitzige Idee verfallen, im Krankenbau nach seinen Kameraden aus dem Transport zu suchen, um ihnen ein »gutes Neues Jahr« zu wünschen.

Und nun steht er lächelnd an meinem Bett. Er reicht mir die Hand. Ich frage mich, ob ich träume oder ob er sich über mich lustig macht, als er mir ein fürstliches Geschenk macht, einen Butterkeks.

»Ein gutes Neues Jahr, Jo.«

Als mir klar wurde, dass es wirklich so war, dass der Keks

echt war, als ich spürte, wie der Teig zwischen meinen Lippen weich wurde, platzte etwas in mir, und für ein paar Minuten wurde ich wieder zu einem Menschen. Ich weinte.

Von den ruhigen Posten im Lager sind zwei unvergesslich. Das Friseurhandwerk, das Adolphe ausübte, und der absolut widerliche und fantastische des »Scheißmeisters«.

In der so genannten normalen Welt gibt es privilegierte Orte der Begegnung, Bibliotheken, Stadien, Theater, Museen, die Hörsäle der Universitäten, ja sogar die Wartesäle der Bahnhöfe. Im Lager waren die Gemeinschaftslatrinen einer zu einem gemeinsamen Nichtleben gezwungenen Gruppe DIESER »paradiesische« Winkel. Der Ort, an dem Informationen ausgetauscht wurden, an dem sich die Stimmung der Männer ablesen ließ, an dem man von der Gemeinheit des Tages erfuhr, die die SS-Posten und ihre Handlanger wieder ausgeheckt hatten. Abends traf man dort die anderen Blockbewohner wieder und konnte sich unterhalten. Aber auf einer Baustelle kamen solche Palaver in den Latrinen, dem Hoheitsgebiet des Scheißmeisters, einer maßgeblichen Person im Lager, nicht in Frage.

Das ist einfach zu verstehen: Bei der Arbeit, wenn fünfzig oder hundert Zombies mit Planierungsarbeiten beschäftigt sind, hacken, schaufeln oder Loren beladen, lenkt derjenige, der nichts tut, sofort die Aufmerksamkeit der grünen Hierarchie oder der SS-Posten auf sich, daher der Schrei der Baustellen: »Bewegung!« Zusätzlich der Alarmruf, auf Französisch, aber vom ganzen Lager übernommen: »Vingt-deux«. Ganz Auschwitz kann ihn aussprechen, mit flämischem, griechischem, ukrainischem, deutschem, polnischem Akzent: »Vingt-deux!«

Selbst wenn es einem wie durch ein Wunder gelingt, sich an dem Tag zu drücken, erschöpft einen doch jeder Schritt, den man macht, jede Bewegung, die man tut. Der Instinkt verlangt daher nach einem Ort, wo man eine Pause machen kann.

Und der einzige Ort, an dem man verschnaufen kann, ist die Hütte mit den Latrinen. Natürlich wird sie vom Blauen Fürsten, Seiner Hochwohlgeboren, Seiner Herrlichkeit, dem Scheißmeister, einem grünen Dreieck, bewacht. Und der kleine, erschöpfte Mann, der man ist, muss seinem Lehnsherrn den Zehnt abliefern, um drei Minuten Überleben zu erwirken.

»Eine Zigarette, Kamerad!«

Keine Zigarette ... und die Zeit zum Nachdenken reduziert sich auf dreißig Sekunden und eine Entleerung unter dem Schlagstock. Eine Kolik peinigt die Eingeweide eines Häftlings? Dem König des Scheißhauses ist das schnuppe. Die Ruhr verflüssigt die letzten Kräfte eines Mannes, der am Ende ist? Dem Scheißmeister ist das schnurzegal. Dieser Bursche scheint panische Angst zu haben, er ist am Ende, der Tod steht ihm auf den Backenknochen geschrieben, dieser Junge muss den wahnsinnigen Rhythmus seines Herzens beruhigen, sein Blick fleht ... Er weiß das alles, der Kaiser der Scheiße, na und?

»Eine Zigarette, Kamerad!«

Der Scheißmeister ist die perfekte Verkörperung des Nazismus, ein königlicher Beruf in einem Königreich aus Scheiße, Blut und Asche. In den Latrinen von Birkenau habe ich herausgefunden, dass ein Geldschein ein perfekter Ersatz für Toilettenpapier sein kann.

Bei unserer Ankunft, vielleicht weil unser Zug sich von den üblichen Transporten unterschied, wurden wir nicht sofort selektiert, sondern in einem riesigen Schuppen untergebracht, der auf einem nichtplanierten Boden errichtet war und von drei Glühbirnen erhellt wurde, das was wir »die Baracke« nannten, etwa fünfzig Meter von einem Backsteingebäude entfernt, welches diejenigen, die schon länger im Lager waren, als »Desinfektionsblock« bezeichneten.

Während wir darauf warteten, dass unsere Herrn und Meister über unser Schicksal entschieden, lebten wir dort, Männer, Frauen, Kinder, auf engstem Raum zusammengepfercht, neun Tage, neun Jahrhunderte, unter den unglaublichsten hygienischen Bedingungen, unfähig zu begreifen, dass wir an einem Ort waren, an dem es nur ein Ziel gab: zu töten! Uns zu töten!

Auf Befehl von den Männern des Kanada[23] verpflegt, erfuhren wir durch ihre Erzählungen – und konnten es einfach nicht glauben –, was in der Nähe dieses Birkenwalds geschah, der dem Lager zu seinem Namen verholfen hatte: Birkenau.

Abgesehen von den ersten Gehversuchen im Morden in Belzec oder Chelmno mit Massakern, die noch in kleinem

23 Das Effektenlager, wo die Habe der Neuankömmlinge aus ganz Europa für die Verschickung »heim ins Reich« sortiert wurde; wer dort arbeitete, hatte DEN »ruhigen Posten« par excellence im Lager. Der Ursprung des Namens ist unbekannt, vermutlich ist er Ausdruck des SS-»Humors«.

Maßstab mit Hilfe von zu Gaskammern umgerüsteten Lastwagen durchgeführt wurden, ist hier das erste Weltzentrum des industriellen Mordens eingeweiht worden, noch vor Majdanek und Treblinka.

Wir dürfen den Schuppen nur verlassen, um zu dem Gebäude mit den Latrinen zu gehen, das etwa zehn Meter entfernt liegt. Und dort treffe ich zu meiner Überraschung Maurice B. wieder, der zum Kanada abkommandiert wurde. Er wurde 42 deportiert, also ein Überlebender, ein junger Mann, den ich als Kind in der Jugendgruppe in der Rue Julien-Lacroix in Belleville kennen gelernt hatte, in die meine Mutter mich schickte, damit ich eine religiöse Erziehung erhielt, um ein artiger Junge zu werden, gläubig, angepasst und so weiter und so fort. Die arme Frau! Meine Erziehung habe ich in Auschwitz erhalten, Mama.

Fragen über Frankreich. Und dann die Bestätigung dessen, was wir seit unserer Ankunft hören und noch immer nicht glauben. Mit Ausnahme der Kommunisten. Durch Bekannte, die sie unter den Männern, die uns empfangen haben, wieder getroffen haben, sind sie über die Lagerwirklichkeit informiert worden. Sie hören zu, vergleichen, analysieren. Und allmählich haben ihre Gesichter, die plötzlich sehr ernst geworden sind, ihre besorgten Blicke, die Mauer der Ungläubigkeit niederzureißen begonnen, hinter der die Mehrheit der Menschen aus den Transporten sich verbarrikadiert hat.

Maurice lacht hämisch auf seinem Thron neben mir. Unter denen, die schon lange im Lager sind, habe ich nicht einen getroffen, der sich ein menschliches Lachen bewahrt hätte, nein, an seine Stelle ist eine Art Husten getreten.

»Dabei kommt ihr«, sagt er zu mir, »zu einem Zeitpunkt ins Lager, da es zu einem Sanatorium geworden ist.«

Suchend sehe ich mich nach Toilettenpapier um.

»Was willst du?«

»Toilettenpapier.«

Er schaut mich an, ungläubig zunächst, dann ertönt erneut dieses Schluchzen, das aus der Tiefe seiner Kehle kommt, sein Lachen.

»Ich verstehe ...«

Und wieder lacht er, stoßweise. Maurice zieht ein zerknittertes Stück Papier aus seiner Tasche und reicht es mir.

»Hier, damit wird's schon gehen.«

Ich falte den Lappen auseinander.

»Aber ... du hast dich vertan, das ist ein Geldschein, ein Fünftausend-Francs-Schein!«

Der Schein trägt den Namen »Banque de France« und die üblichen Angaben der Landeswährung, die auf den größten Geldschein, der in unserem Land in Umlauf ist, gedruckt werden.

»Ich weiß, dass das ein Fünftausend-Francs-Schein ist, in Frankreich. Hier ist es nur ein Stück Papier. Die einzige Währung, die im Kanada zählt, ist der Dollar. Man findet sie im Gepäck der Transporte. Man sammelt alles ein in den Zügen der Deportierten, Scheiße und Gold. Die SS-Männer nehmen natürlich alles an sich, jeden Gegenstand, alles, was von Wert ist – aber wie immer gibt es einen gewissen Schwund.«

Auf meinem Sitz hockend, bewundere ich meinen Fünftausend-Francs-Schein, drehe ihn um, halte ihn gegen das Licht und lese mechanisch die übliche Warnung:

»… Wer diesen Geldschein fälscht, wird mit lebenslänglicher Zwangsarbeit bestraft.«

Wer was fälscht? Geld oder Klopapier? Zur Zwangsarbeit verurteilt sind wir ja schon.

Und zusammen mit Maurice male ich mir die Bank von Frankreich als riesige Toilettenpapierfabrik aus … Die Druckerpressen laufen, die Druckfarbe spritzt heraus, die Papierrollen laufen in sauberer Reihe über die Trommeln, auf der Fälschung erscheinen magische Formeln: »Der Generalkassenverwalter«, »Der Generalrevisor«. Ziffern nehmen Gestalt an, Buchstaben auch, wie im Lager, wenn die Hintern rote Striemen bekommen, und das System wird verbessert, weitet sich aus; für jede soziale Klasse wird eigenes Geld gedruckt, farbiges Toilettenpapier mit Dreiecken an den vier Außenpunkten, und als Orgelpunkt Scheine in verschiedenen Farben: Schwarz für die Proleten, Grün für die Häftlinge, Rosa für die Homos, Schottenkaro für die Intellektuellen.

Eine kurze Ruhepause, in der ich mir, eine ganz neue Erfahrung, den Hintern mit der Landeswährung abgewischt habe.

Rückkehr in die Baracke, deren Boden mit Papieren übersät ist, welche die früheren Bewohner zurückgelassen haben, die ersten Evakuierten aus dem Ghetto von Lodz.

Die Texte sind in Jiddisch gedruckt, einer Sprache, die ich beherrsche, und ich entziffere, unter anderem, einen Aufruf des *Ältesten der Juden in Litzmannstadt,* ein Scheintitel, den die Nazis dem kollaborierenden Juden verliehen haben, der den Judenrat leitete; ein Aufruf, in dem die Juden des Ghettos aufgefordert werden, die ebenfalls eingesperrten zum Katholizismus übergetretenen Juden als Brüder und Schwestern aufzunehmen. Juden für die Nazis, Abtrünnige für die Juden, von den Katholiken ausgestoßen, von allen zurückgewiesen, haben diese bis zu ihrer Vernichtung ihr Leid mit sich herumgeschleppt, von der Panik in den Schmerz, vom Schrecken ins Elend gestürzt.

*

Die Baracke.

Wir sind hier gestrandet, in einem Wartesaal besonderer Art, in einem Bahnhof, wie wir noch keinen gesehen haben. Reisende ohne Gepäck, angekommen mit einem der wenigen Transporte der Deportation, die nicht mit Viehwagons durchgeführt wurden, sondern mit Wagons für Reisende dritter Klasse, die unzählige Male zwischen Rhône und Rhein hin- und hergefahren sind, bevor sie hinter ihrer Dampflok ins Reich abzockelten.

An jenem Tag war der Zug in den Vogesen blockiert, in Vittel, und auf dem Bahnsteig warteten Berge von Kästen mit Mineralwasserflaschen, die in der Augustsonne funkelten, darauf, verladen zu werden. Und wir kamen fast um vor Durst: Bestrafung durch die SS.

Thomas, einem der jungen Männer in dem Transport, war es gelungen, auf der Höhe von Martigny-les-Bains vom Wagon zu springen, und anstatt, wie bei der Abfahrt versichert, alle Insassen im Abteil des Flüchtigen im Falle einer Flucht zu erschießen, wurden uns zur Strafe einfach jegliche Getränke für vierundzwanzig Stunden gestrichen. In dem Wagen, dessen Fenster geschlossen waren, herrschten mörderische Temperaturen, und die Hitze draußen schlug alle Rekorde.

Je nach Fahrtrichtung befanden wir uns mal an der Spitze, mal am Ende des Zuges, vor oder hinter uns nur einen Gepäckwagen, dessen Tür in dem Augenblick dem Wachposten die Sicht versperrte, so dass er nicht sehen konnte, dass der Dienst habende SS-Mann, der dem Sicherheitsdienst angehörte und dem die Hitze zu schaffen machte, seinen Posten in unserem Wagon verlassen hatte.

Eine ganze Weile schon hatte dieser, an der geöffneten Wagontür auf dem Boden sitzend, die Füße auf der obersten Stufe des Wagons, die vorbeiziehende Vogesenlandschaft betrachtet. Dann war er aufgestanden, an seinen Platz zurückgekehrt (das erste Abteil war von einer Wache besetzt) und eingeschlafen. Thomas, von Beruf Maler, hatte die Gelegenheit nicht ungenutzt verstreichen lassen. Der Zug fuhr in dem Augenblick im Schritttempo. Wir sahen, wie er vom Gang aus sprang, durchs Gras rollte, aufstand und zum Wald rannte, der das Gleis säumte.

In Vittel trafen seine Kameraden, nachdem sie abgestimmt hatten, eine Entscheidung, die sie vor der sicheren Hinrichtung bewahrte. Sie gingen zu der Wache, die sich durch das Verlassen des Postens schuldig gemacht hatte, und erzählten ihr, einer ihrer Kameraden, der vor einer Stunde auf die Toilette gegangen sei, sei nicht zurückgekehrt. In Wirklichkeit hatte Thomas einen Vorsprung von mehr als einer Stunde und einigen Kilometern.

Generalalarm. Alle Reisenden wurden in ihren Abteilen eingesperrt, die Durchsuchung des gesamten Zugs und des Bahnhofs blieb ergebnislos. Für die SS-Männer konnte Thomas nirgendwo ANDERS als in Vittel geflohen sein, denn wäre dem nicht so, wo wäre dann die Wache gewesen?

Der Maler wurde nicht wieder eingefangen[24], und wir mussten am Ende auch nicht verdursten: Während unseres Halts wurden wir vom Roten Kreuz verpflegt, das uns ein paar Pakete schenkte: eine Spende der Amerikaner und Engländer, die als zivile Angehörige der Nationen, die mit Deutschland verfeindet waren, in den Hotels von Vittel interniert waren. Bei dieser Gelegenheit rauchte ich zum ersten und letzten Mal Players, die sich in den Paketen befanden.

Sie waren sehr willkommen. Der Tabak spielte eine maßgebliche Rolle für die Aufrechterhaltung der Moral. Das war auch später im Lager nicht anders.

In Lyon hatte ich meinen Eltern schreiben können und von ihnen eine Postanweisung erhalten, die mir erlaubte, in der Kantine zu essen. Diese Sendung war vielleicht das schönste Geburtstagsgeschenk, das mir jemals gemacht wurde, denn es kam am 9. August in der Verwaltung des Gefängnisses an, und ich bin am 10. geboren. Das Geld wurde mir von der französischen Verwaltung ausgehändigt, bevor ich Saint-Paul endgültig verließ, und durch Vermittlung eines Freundes, der perfekt Deutsch sprach, hat einer der Posten (von der Wehrmacht, kein SS-Mann) für uns auf dem Schwarzmarkt zwei Päckchen Gauloises gekauft. Wir haben sie dann innerhalb von vier Tagen im Zug geraucht. Jede Zigarette ging zwischen den neun Mitgliedern des Clubs, den die Benutzer des Abteils für acht Personen bildeten, von Hand zu Hand:

24 Er ist kürzlich in Paris gestorben.

Neun … für acht Sitzplätze. Nach einigem Hin und Her hatten wir ein Rotationssystem für die Plätze entwickelt. Ergebnis? Abwechselnd legte sich einer von uns auf den Boden zwischen die Füße der Mitreisenden.

In Vittel sorgte das Päckchen Players für den nötigen Nachschub, aber es reichte nicht sehr lange. In demselben Bahnhof sah ich, zum Arbeitsdienst auf dem Bahnsteig eingeteilt, Mitglied einer Gruppe, die von den SS-Leuten sorgfältig umschlossen wurde, wie mir ein Mädchen hinter der Scheibe eines Zugfensters ein Zeichen machte: Micheline. Eine meiner Freundinnen, die ich in Roanne kennen gelernt hatte (der Stadt, in der ich Anfang 44 ein paar Monate gelebt hatte), war Aktivistin in derselben Bewegung wie ich. Auch sie gehörte jetzt zu den Reisenden des *Geister-Expresses*, wie einer seiner Insassen ihn getauft hatte. Die Frage war, ob es jemandem gelingen würde, dem Fangnetz zu entkommen, das über ganz Frankreich gespannt war.

Die Orientierungspunkte? In Vittel erfuhren wir vom Bahnhofspersonal von der Ankunft in der Provence am 15. August. Lyon – Vittel in vier Tagen, der absolute Geschwindigkeitsrekord für die Strecke.

Die Linie Lyon – Auschwitz führte über Chalon, Dijon, Is-sur-Tille, Chaumont, Culmont-Chalindrey, Belfort, Mülhausen, Straßburg, Rothau, Stuttgart, Nürnberg, Kattowitz …

Man lernt auf Reisen. In Varennes, an der Einfahrt nach Chalon, hatten die Widerstandskämpfer eine kleine Brücke gesprengt.

Mittagspause, lang, sehr lang, vor einer riesigen Steinplatte, auf der zu lesen stand, dass in diesem Dorf »Nicéphore Niepce im Jahre … die Fotografie erfunden« habe. Und dann ein Feld, das sich am Gleis entlangzog und auf dem wir mit Erlaubnis der Wachen Rüben sammeln durften.

In Dijon waren die zerstörten Gleise so weit repariert worden, dass unser Sonder-*Orient-Express* nach Drancy weiterfahren konnte, dem Zielort, der mit Kreide auf die Wagonwände geschrieben stand.

In Is sagte einer der Kameraden:

»Wir fahren nicht nach Paris, wir rollen nach Osten.«

Durchfahrt durch Culmont, jenen Eisenbahnknotenpunkt, an dem ich die Spuren eines alliierten Bombenangriffs bemerkte und Lokomotiven sah, die die Wucht der Bomben hochgewirbelt und wie riesiges Spielzeug übereinander getürmt hatte.

Im völlig zerstörten Bahnhof von Mülhausen gab uns ein Mechaniker mit der Zustimmung der Wachen etwas heißes Wasser aus seiner Lokomotive, damit wir uns das Gesicht säubern konnten, das allmählich sein menschliches Aussehen verlor. Für mich war neben dem Hunger und dem Durst die Schmutzigkeit eine der schlimmsten Plagen der Reise. Im Lager gab es nicht einen Tag, nicht einen einzigen, außer im Krankenbau, an dem ich nicht morgens, vor dem Wecken, vor dem Gedrängel, allein im Waschraum war, um mich mit kaltem Wasser und dem, was ich zur Verfügung hatte, zu waschen. Sich sauber zu halten war ein ungeheurer seelischer Trumpf, der die körperliche Widerstandskraft stärkte. Eines der ersten Anzeichen, dass ein Deportierter aus dem Lot geriet, war die Vernachlässigung der Körperpflege.

Reise …

Die Panzer der Alliierten rückten auf Paris vor. Und wir fuhren einem Land entgegen, das wir nie gesehen hatten. Wir verharrten stundenlang, starr vor Angst, abgeschnitten von der Welt, in verlassenen Bahnhöfen, um auf eine Lokomotive zu warten, die am Ende leider immer eintraf.

Ein Teil des Transports, in dem sich unter anderen die Geiseln von Voiron befanden, war in Rothau, im Elsass, abgekoppelt worden, von wo er zum Lager Struthof weitergeleitet wurde. Wir hatten sie beneidet ... ohne zu wissen, was Struthof war.

Und wir hatten den Rhein überquert, um unsere Reise am 22. August an der Rampe eines Bahnhofs zu beenden, der keinen Namen hatte.

*

Die Baracke.

Dort machten die dreihundertfünfzig Personen des Transports (eine grobe Schätzung) ihre Initiationsreise in die Welt der SS. Dort erfuhren wir, wo wir waren und wodurch sich ein Konzentrationslager von einem Vernichtungslager unterscheidet. Die Lagerveteranen, die Männer und Frauen des Kanada, waren es, die ihren ungläubigen Schülern die Gebrauchsanweisung für den Tod erklärten, wie man ihn in Birkenau-Auschwitz praktizierte.

Die Mitglieder dieses Kommandos, das in keine Schablone passte, rieten uns, uns als Mischlinge, als Halbjuden auszugeben.

Das Ergebnis war, dass ein Teil der Mitglieder des Transports aus Lyon vom 11. August eine doppelte Registrierung auf dem linken Unterarm trägt, zwei eintätowierte Nummern für diejenigen, die dieses Risiko eingegangen sind. Ich bin einer von ihnen. Ein erheblicher Vorteil damals, denn ein Mischling war von der Selektion befreit.

Die doppelte Kennnummer ist in der Geschichte der Deportation ein ziemlich seltenes Phänomen.

Soweit wir zu verstehen glaubten, hatten die SS-Männer von Birkenau die Verwaltungspapiere, die mit jedem Transport zusammen eintrafen, nicht erhalten. Das ungewöhnliche Aussehen des Zugs mit seinen Personenwagons hatte unseren »Empfang« noch weiter hinausgezögert und den Anbruch der Galgenfrist für uns nach hinten verschoben. Vielleicht waren wir Personen, die »mit Rücksicht zu behandeln« waren? Niemand hat es je mit letzter Sicherheit erfahren, aber das ist die einzige Erklärung, die ich für unseren Aufenthalt an diesem Ort am Eingang zu den Öfen gefunden habe; nicht körperlich misshandelt, schlecht ernährt, aber trotzdem gepflegt, und kein Auseinanderreißen der Familien. Die SS-Leute warteten zusätzliche Informationen ab. Und meine These wird durch die Tatsache gestärkt, dass das alles vorbei war, als die SS-Leute auf die Intervention, um nicht zu sagen die Denunziation, von O. hin endlich unsere Akten bekamen und alles umschlug. O. war ein junger Bursche aus unserem Transport.

»Erfindet euch einen Verwandten, der ein *Goi*[25] ist«, sagte einer der Lagerveteranen zu uns. »Katholik, Protestant, Orthodoxer, ganz egal, nur Christ muss er sein.«

25 Als *Goi* bezeichnen die Juden einen Nichtjuden.

»Und was ändert das?«

»Für die Deportierten aus dem Osten nichts, da selbst die Konvertiten in den Heizkessel wandern; aber bei euch könnte es ohne allzu großes Risiko funktionieren. Ihr kommt aus dem Westen. Schlimmstenfalls ... wird es nichts ändern. Es ist noch nicht lange her, da spielte es eine Rolle, ob man Halbjude war oder nicht. Schon morgen kann das Massaker weitergehen wie zuvor, aber hier zählt jede Sekunde.«

Im Handumdrehen weiß die ganze Baracke Bescheid. Manche, die die mögliche Gefahr in Panik versetzt, weigern sich, etwas anderes als Jude zu sein. Die anderen erfinden sich Familien, die halb Cassoulet halb *Gefillte Fisch* sind. Nur einer gibt sich als Katholik aus, O., der Schweinehund, der den Nazis später von unseren Akten erzählt hat. Aus einem einfachen Grund: Obwohl er Jude war, war es ihm bei seiner Verhaftung gelungen, die Bullen davon zu überzeugen, dass er Christ sei; daher enthielt seine Akte den Vermerk »Arier«. Er hat selbst damit geprahlt.

Später erfuhren wir durch die Überlebenden dieser kleinen Gruppe, die wir im Stammlager wieder trafen, was nach unserer Eingliederung geschehen war. Diejenigen, die, aus Furcht oder aus Treue, zu ihrer Jüdischkeit standen, waren selektiert worden. Nachdem die Alten, die Mütter und die Kinder verbrannt worden waren, erhielten die Überlebenden Kennnummern der Serie B 100 000.

Ich brauche mir keine Familie zu erfinden, da ich als Mitglied einer echten Familie aus dem Béarn gelte. Meine Mutter heißt angeblich Jeanne Poque und mein Vater Auguste

Souverbielle. Ich habe meinem Stammbaum lediglich eine jüdische Großmutter hinzugefügt.

Ergebnis: Als die Zeit gekommen war, auf die andere Seite des Spiegels zu gehen, erhielt ich die Nummer 193 143. Erst zehn Tage später wurde uns im Stammlager die zusätzliche Nummer zugeteilt, in der Serie B 9000 und ein paar Zerquetschte. O. war das einzige Mitglied des Transports, der nur eine Nummer trug, die, wenn ich mich recht erinnere, eine der letzten der Serie 192 000 gewesen sein muss.

Die Geschichte eines Mischlings. Die eines jungen Burschen meines Alters mit Vornamen Werner, dem ich im Pyjama begegnet bin.

Dieser junge Reichsbürger kämpfte bei der Kriegsmarine, auf einem U-Boot. Er leistete seinen Kriegsdienst auf dem Atlantik, an Bord seines U-Boots. Eines Tages bringt eine Routineüberprüfung der Verwaltung ans Licht, dass es unter seinen nahen Verwandten einen Juden gibt. Katastrophe … Wie konnte Deutschland hoffen, mit einem jüdischen Seemann an Bord eines seiner Schiffe den Krieg zu gewinnen?

Werner ist ein Deutscher, besessen von seinem Deutschland, kein Nazi, sondern ein Kämpfer, der an sein Land glaubt. Aber da ist die Logik des Schwarzen Ordens, die schwarze Logik. Werner ist Halbjude, also: Krieg? Verboten! Die Engländer töten? Verboten! Frachter versenken? Verboten! In ihrer Logik hat die SS ihn vom Schiff verbannt. Kein Atlantik mehr für Werner, Schluss mit den Torpedos, Adieu Schiffbrüche, keine Muscheln, um das Meer rauschen zu hören, kein Fisch freitags, keine roten Garnelen, keine *souris grises*[26] mehr, kein warmer Sand mehr. Raus, Werner, raus aus der Kriegsmarine! Geh, Werner, geh spielen mit deinen kleinen jüdischen Kameraden im Lager. Arbeite, Schweinehund! Arbeit macht frei!

Er hielt sich abseits, fragte sich, wie übrigens auch wir, was er dort zu suchen hatte, und verschwand eines Tages ohne Vorwarnung, mit so vielen anderen.

Neun Tage im Auge des Orkans, merkwürdige Insel des Friedens in dem Mahlstrom, der die Einwohner von Lodz, die aus ihrem Ghetto ausquartiert worden waren und die Zug um Zug kamen, um hier in den Tod zu gehen, mit sich zu den Öfen riss. Im August 44 hat das langsame Dahinsterben des Ghettos der zweitgrößten Stadt Polens ein Ende. Und für mich bleibt es das unfassbarste Bild von allen, die ich in diesen Monaten gesehen habe, das Bild dieser Kinder, die an der Hand ihrer Mütter zu diesem Weg zwischen Stacheldrahtzäunen gingen, abgeschirmt durch darüber geworfene Decken, so dass die Sicht versperrt war; ein Weg, an dessen Ende ein Gebäude stand, über dem ein quadratischer Schornstein aufragte.

Die Dauer dieses kurzen Zeitraums ist nicht der Dauer der normalen Zeit vergleichbar. Die Züge aus Lodz spuckten ihre menschliche Fracht aus, die Wachen verriegelten die Baracke, und wir wohnten der Selektion bei, indem wir durch die Ritzen zwischen den Brettern spähten.

Das Irreale des Schauspiels wurde noch dadurch verstärkt,

26 »Graue Maus«, Spitzname, den die Pariser den weiblichen Hilfskräften der deutschen Armee gaben.

dass eine grüne Ambulanz mit dem Rotkreuzzeichen darauf neben dem Desinfektionsbau lauerte. Nach Aussage der Lagerveteranen transportierte dieser scheinbar so friedliche Wagen die Glasbehälter oder Kanister mit dem Zyklon B.

Als ich nach meiner Befreiung durch Krakau irrte, hatte ich die Gelegenheit, eine der ersten Ausstellungen über die Lager zu sehen und in den Glasbehältern die bläulich-blasslila Kristalle des tödlichen Gases zu entdecken. Diese Ausstellung, die den Titel *Christus in Majdanek*[27] trug, enthielt unter anderem eine Reihe von Bildern eines polnischen Christen, auch er ein ehemaliger Häftling, die den Leidensweg Christi nicht als Aufstieg zum Berg Golgota darstellten, sondern nach Majdanek verlegten. Der Sohn Gottes war einmal nicht nach der klassischen Ikonographie der religiösen Malerei dargestellt, er war kein schöner junger Mann mit friedlichen Augen, sondern ein Muselmann mit herausstehenden Rippen, eine entmenschlichte Gestalt mit dem bewegenden Blick, den die dreiunddreißigjährigen Menschen hatten, die zu Hunderttausenden bei Lublin ermordet wurden. Er war kein Mensch mehr, sondern eine brüllende Flamme.

Es gibt Bilder, die man niemals vergisst. *Christus in Majdanek* gehört für mich auf ewig dazu.

*

27 Majdanek war ein zweites Auschwitz in der Nähe von Lublin. Meines Wissens landeten dort zwei französische Transporte, die Frankreich im März 1943 verließen. Ein junger Bursche, mit dem ich befreundet war und den ich seit Jahren aus den Augen verloren habe, Albert C., war Häftling in diesem Lager und hat es mir eingehend beschrieben. Ich glaube, er war der einzige Überlebende dieser beiden Transporte.

Bilder von Frauen im Lager …

Odette …

Eine Begegnung während der neun Tage in Birkenau, der Ewigkeit in der Baracke, jener unbestimmten Zone, von der aus es nirgendwohin ging. Ebendort lernte ich diese junge Frau kennen.

Mit einer Schöpfkelle bewaffnet, schenkte sie der endlos langen Reihe von Zombies vor sich den »Kaffee« ein.

Sie arbeitete im Kanada. Männer und Frauen lebten in getrennten Lagern; aber in diesem Kommando schien es bei der Arbeit eine gewisse Mischung der Geschlechter zu geben.

Sie war schon länger im Lager, eine Französin, aus dem 7. Arrondissement von Paris. Sie war so alt wie meine Schwester, achtzehn.

Der blonde Flaum auf ihrem Schädel, auf dem ihr geschorenes Haar wiederkehrte, schimmerte unter dem roten Tuch durch, das sie um den Kopf trug. Sie hatte ein zartes Lächeln, das Zweifel an der Wirklichkeit aufkommen ließ, die uns umgab.

Ich betrachtete dieses Mädchen, das wie ein unbekannter Meteor hier hereingeschneit war, als dürften Frauen keinen Zugang zu diesem Glutplaneten haben. Sie überlebte in Birkenau, und sie war mit ihrem gestreiften Rock und ihrer gestreiften Jacke, ihrem von einigen Sommersprossen bestäubten Gesicht, die wie sanfter Sonnenschein auf ihren hohen Backenknochen, direkt unter ihren wasserhellen Augen, schimmerten, der einzige Mensch in der Baracke, der sich ein menschliches Aussehen bewahrt hatte. Während die Reisenden des Geisterzugs mittlerweile alle die gleichen Einheitsgesichter hatten, identisch geworden durch die zermürbende Wirkung der Müdigkeit, des Hungers, des Drecks, von der Angst verwüstete Gesichter, auf denen man nichts mehr lesen konnte, konnte ich Odette immer noch beschreiben, von den Sommersprossen auf ihrer Haut, von ihren blitzenden Augen sprechen.

Für ein paar Stunden, verteilt auf die neun Tage, in denen wir uns sahen, war ich wahnsinnig verliebt in sie. Wie bei jeder Liebe existierte die Zeit nicht mehr, aber sie war da, ersetzt durch die Gewissheit der Flüchtigkeit. All unsere Gefühle wurden beträchtlich gesteigert durch die Empfindung, dass alles schon in der nächsten Sekunde zu Ende sein konnte, dass das Eingreifen eines SS-Mannes einen von uns oder auch alle beide in den sofortigen Tod schicken konnte. Vielleicht ist die wahre Liebe diejenige, die intensiv gelebt wird im Bewusstsein des drohenden Todes.

Ich habe meine Begegnung mit Odette als eine einzigartige Liebesgeschichte erlebt, ohne den geringsten körperlichen Kontakt; eine Geschichte, die es nicht geben kann, ein irreales Abenteuer, geträumt von Geistern.

An diesem von Flammen umschlossenen Ort (es war die Zeit, da die Krematorien nicht mehr ausreichten und die Körper daher im Freien in Gruben verbrannt wurden), in dieser Welt, die wir nicht zu akzeptieren vermochten, weil sie inakzeptabel war, war sie mit ihrem Lächeln, ihrem wohlwollenden Blick, ihrer Sprache, die ich verstand, all das, was ein Mann erhoffen konnte, Zärtlichkeit, Liebe, das Leben. Alles, was nur eine Frau geben kann. Sie war eine Frau. Das war alles.

Wir sahen uns an … durchströmt, was mich betrifft, von

einer freundschaftlichen Wärme, als nähmen wir plötzlich einen Dialog wieder auf, den wir anderswo begonnen hatten, in einem anderen Leben, eine Milliarde Lichtjahre entfernt.

Sie goss den Kaffee in meinen Napf und stellte die übliche Frage. »Woher bist du?«

Es folgte der Austausch der Vornamen, wie ein Geschenk. Sie ist nur eine Nummer, und ich bin nur auf der Durchreise zwischen meinem vergangenen Leben und meinem Tod, der mich vielleicht schon morgen ereilt.

»Ich heiße Odette.«

»Und ich Joseph. Meine Freunde nennen mich Jo.«

Geplauder. Frankreich, wie ich es zurückgelassen habe. Ich erzähle ihr von *Der ewige Bann*, dem letzten Film, den ich gesehen habe, bevor ich verhaftet wurde. Sie hört mir zu.

Wir haben Seite an Seite eine unbeschreibliche Freude empfunden und miteinander geteilt, als einer der Lagerveteranen uns sagte, dass Paris befreit worden sei.

Wir sahen uns beinahe jeden Tag, für ein paar Minuten, bis zum Augenblick der Trennung, wechselten ein paar Worte und schenkten uns gegenseitig eine Zärtlichkeit, die sich nicht durch die nichts sagenden Worte des Alltags ausdrückte, die immer gleiche blödsinnige Frage, die der eine oder der andere stellt: »Wie geht's?«

An jenem Tag …

Sie kam ganz unerwartet herein, allein.

»Grüß dich! Ich bring dir Kaffee.«

Odette reichte mir einen Becher mit der üblichen schwarzen Brühe.

»Trink schnell, ich kann nicht bleiben.«

Das Getränk ist gerade mal lauwarm, aber der süße Geschmack macht es zu einem unvergleichlichen Geschenk.

Und der seit Tagen aufgespeicherte Blitz, der in den Brettern versteckte Donner, der Sturm, der in jedem gärte, die unterdrückte Angst, die kaum bezähmte Furcht, die Wellen des Meeres, die die Leinen zerreißen, die vom Pol herwehenden Winterwinde, die Liebe der bedrohten Eltern und Kinder, die Zärtlichkeit der Ehepaare, der Hass und die Dummheit, der Mut und der Wahnsinn, alles explodierte, schoss aus den vom Spund befreiten Fässern. Der Ozean goss seine Wasser aus, so wie Milliarden riesiger Eimer ihren Inhalt zu gleicher Zeit ausschütten, das Gebirge schleuderte seine Moränen und Gletscher von sich, wie ein wütendes Kind sein Spielzeug zerschlägt, die Erde riss auf und entblößte ihre Eingeweide aus Feuer, die Flutwellen hissten ihre Stürme, die Wildbäche brachen aus ihrem vorgegebenen Lauf, um hier herabzustürzen, in dem harschen Befehl eines SS-Offiziers.

»Männer, sammeln! Alle Männer, nur die Männer!«

Eine Wachmannschaft baute sich in der Türöffnung auf, und die ersten Männer, die Junggesellen, die Einzelgänger, schritten über die Schwelle.

Im Hintergrund, im Halbdunkel der Bretter, trennen sich die Paare, reißen sich voneinander los, die Kinder bleiben bei ihren Müttern.

Ein SS-Mann tritt in die Baracke. Das langsame Tröpfeln der Männer bewegt sich auf die Tür zu. Auch ich werde von der Strömung erfasst.

Der Nazi macht einen Schritt, bemerkt Odette.

»Was machst du denn hier?«

In strammer Haltung erklärt es ihm das junge Mädchen.

Der Strom ist zum Stillstand gekommen. Reglos sehen die Männer sie an.

»Du hast hier nichts zu suchen.«

Die Hand saust durch die Luft. Eine Ohrfeige. Das Pendel schwingt zurück. Eine Ohrfeige. Handteller. Handrücken. Der Aluminiumbecher fliegt durch den Raum. Odette schwankt. Die anderen sehen zu. Die Hand setzt sich erneut in Bewegung. Sausen, Ohrfeige, Handrücken, Handteller, Sausen, Ohrfeige, Schluchzen, Befehl, Bewegung. Die Männer gehen hinaus, alle.

»Zu fünft, los, schnell, los!«

Und die Kolonne marschiert auf einen langen Tisch zu, auf dem Papiere liegen und an dem uns eine Mannschaft von Tätowierern erwartet.

Ich habe Odette niemals wiedergesehen.

Micheline …

Wir hatten uns in Roanne kennen gelernt, Anfang 44 …

Seit November 43 hatten die Repressionen der Miliz, Doriots und der Gestapo Grenoble, wo ich lebte, in eine Hölle verwandelt. Die verschiedenen Bewegungen, die gegen die Nazis kämpften, mussten wochenlang geschlafen haben. Die Stadt lebte im Belagerungszustand.

Ich war damals aktives Mitglied der Union de la Jeunesse juive, einer von Annie Kriegel gegründeten jüdischen Jugendbewegung, in die man zwangsläufig eintreten musste, wenn man der kommunistischen Jugend angehören wollte und anschließend, sofern man fähig war, es so weit zu bringen, den kommunistischen Widerstandskämpfern, den Francs-tireurs et Partisans (FTP), die als *»sportifs«*, als »Sportler«, bezeichnet wurden. Ich brachte es nicht so weit.

Wir waren in Dreierzellen organisiert, und keiner kannte mehr als zwei Mitglieder der Basisgruppe. Als Verantwortlicher des Sektors kümmerte ich mich um drei Sektionen, das heißt drei Neunergruppen.

Nachdem alle Verbindungen abgerissen und zwei Kameraden, P. und M., und ich abgeschnitten waren von jeglichem weiteren Kontakt, beschlossen wir, Grenoble zu verlassen und nach Roanne zu gehen. Und Anfang Januar kamen wir in die Stadt, die mir als eine der freudlosesten Frankreichs in Erinnerung geblieben ist.

Micheline. Eine freundschaftliche und innige Beziehung als Kampfgefährten verband uns in den Wochen, die meinem neuerlichen Exodus vorausgingen. Ich arbeitete in einer Industriefärberei und erhielt den Befehl, zur Zwangsarbeit – dem berühmten STO[28] – nach Deutschland zu gehen. Das kam natürlich nicht in Frage.

Dann brach die Freundesgruppe auseinander. P. schloss sich der FTP an und zog nach Lyon. M. setzte seine Arbeit in einem S-Betrieb[29] in Roanne fort, was von der Arbeit in Boches-Land befreite. Ich selbst blieb in Grenoble, denn nur dort hatte ich noch Familie, die ich kannte, da die anderen

28 Service du travail obligatoire.

29 Um gegen die Weigerung, sich zur Zwangsarbeit verschicken zu lassen, anzugehen, kam Albert Speer, der für die industrielle Produktion der Nazis verantwortlich war, auf die Idee, die Arbeiter vor Ort zu mobilisieren, in ihrem eigenen Land, in Betrieben, die als »S-Betrieb« klassifiziert wurden. S stand für Speer.

unter falscher Identität an mir unbekannten Orten lebten. Eine für die damalige Zeit typische Familie, in der keiner wusste, wo die anderen sich versteckten.

Micheline verließ Roanne und arbeitete als Botin für eine Gruppe von Widerstandskämpfern; nach ihrer Verhaftung fand sie sich in dem *Geister-Express* Richtung Auschwitz wieder. Während des Halts in Vittel trafen wir uns, wie ich bereits erzählte, wieder.

Eines Nachts döste ich vor mich hin, auf dem Boden der Baracke ausgestreckt, den Kopf im Staub.

Eine Hand schüttelt mich. Ich öffne die Augen. Es ist Micheline. »Hier, nimm.«

Und sie reicht mir eine mit Margarine bestrichene Scheibe Brot. Etwas Köstlicheres habe ich nie gegessen. Und ich habe auch nie erfahren, wo sie sie her hatte. Dieser »Imbiss« wird mir für immer unvergesslich bleiben. Ich sollte erwähnen, dass wir, seit uns das deutsche Rote Kreuz achtundvierzig Stunden zuvor auf dem Bahnsteig des Bahnhofs in Nürnberg einen Napf voll Essen ausgegeben hatte, bis zu der Suppe, die wir vom Kanada »spendiert« bekommen hatten, nichts gegessen hatten. Der wirkliche Hunger begann, sich bemerkbar zu machen.

Später verschwand Micheline mit einem Transport und landete in Bergen-Belsen.

Ihre Befreiung erfolgte, wie ich nach meiner Rückkehr erfuhr, unter etwas ungewöhnlichen Umständen.

Mit anderen »Pyjama-Mädchen« in eine Flugzeugfabrik geschickt, arbeitete sie mit französischen Zwangsarbeitern, durfte aber nicht mit ihnen sprechen. Aber ich glaube, man wird Häftlinge niemals daran hindern können, miteinander zu kommunizieren, es sei denn, man steckt sie in Isolierhaft, und so gelang es ihnen, trotz schärfster Überwachung durch die SS, wichtige Informationen auszutauschen.

Eines Tages erfuhr sie von den Franzosen, dass die Befreiung unmittelbar bevorstehe und dass die Deportierten evakuiert würden.

In diesem Kommando führte eine sehr hohe Sterblichkeitsrate zu der Notwendigkeit, die Leichen in einer Kiste, einer Art Sarg ohne Deckel, hinauszubringen. Einer der Zwangsarbeiter kam auf die Idee, Micheline vorzuschlagen, ihren Tod vorzutäuschen, und sie im Augenblick der Evakuierung aus der Fabrik zu schaffen. Gesagt, getan. Das Problem war nur, dass der Reisende, der dieses Transportmittel vor Micheline benutzt hatte, wirklich gestorben war. An Typhus.

Micheline war befreit.

Ergebnis: An Typhus erkrankt, kehrte sie sterbenskrank nach Frankreich zurück. Aber der Tod wollte sie nicht, und heute ist sie mehrfache Urgroßmutter.

Weitere Mädchen? Perla ... ein flüchtiges Bild heute, Perla trug das Abzeichen des Roten Kreuzes an der Bluse, wie einen winzigen Schutzschild, als könnte ein Kreuz oder jedes andere Symbol, gleich welcher Farbe, seinen Träger schützen. Édith, die Aktivistin, die mir im Zug das *Lied der Moorsoldaten* beigebracht hat ...

Auf und nieder gehn die Posten,
Keiner, keiner kann hindurch,
Flucht wird nur das Leben kosten,
Vierfach ist umzäunt die Burg.

Aktivistinnen durch und durch, blieben sie dennoch Frauen.

Eine Frau bleiben im Lager?

Wie Odette es mir erzählt hat, wie Micheline es mir sehr viel später bestätigte.

Eine Frau bleiben … wenn alles zusammenbricht, wenn der Körper, die Bildung, die Schönheit, die Erinnerungen in Trümmern liegen.

Es trotzdem versuchen. Die Tage ziehen vorbei in einem Magma von Ängsten, von Bildern aus Friedenszeiten, bevor man vor einer unmöglichen Wahl stand: eine Leiche sein oder eine Leiche werden. Niemals vergessen, was man gewesen ist, und wissen, wo man sich befindet, sonst … Nicht die Ankunft auslöschen, das Eintreten in den Schrecken, die verschwundenen Kameraden, den allgegenwärtigen Tod, der zwischen den Stacheldrahtzäunen freigelassen worden ist, den Verfolgungswahn, den Gestank des *Coya*[30], wo man dicht an dicht, zu zehnt oder fünfzehnt in den Ausdünstungen von Schweiß, Schmutz, Krankheiten und unterdrückter Wut »schläft«.

Nichts vergessen … um eine Frau zu bleiben. Weder das Geräusch der Holzschlappen noch die Lumpen, die so zerfetzt sind, dass man sich nach der gestreiften Häftlingskleidung der Frauen sehnt, die schon länger im Lager sind, weder die dumme Wut der Blockowas (als Blockälteste verkleidete Weiber) noch die Gehässigkeit der Stubowas (die deportierten Hilfskräfte, die »Haushälterinnen« des Blockoberhaupts) und auch nicht die Grausamkeit der SS-Frauen. Nicht die Schur vergessen …

30 Holzbretter, die als Bett dienten.

… Nackt dasitzend, den Kopf nach vorne gebeugt. Und das Gegenüber setzt die Schermaschine an. Das abgeschnittene Haar knistert, das ist das Weinen des Haars. Man lauscht dem Geräusch des Stahls, dem hungrigen Zähneklappern des Apparats; die Kälte des Metalls auf der Haut lässt einen erschauern, wie diese abgeschnittenen Haare, die nicht sofort zu Boden fallen, die auf dem Schädel als kompakte Kugel zu verweilen scheinen, ein runder Ball aus lebendigen Fasern, der auf dem Kopf als Feuerkugel bleibt, noch eine Minute, Herr Scharfrichter! Vergessen? Dieses Geräusch und das Gefühl von langsam, ganz langsam durchpflügter Haut. Und das Gegenüber, der Scherer, schiebt mit der Hand die Masse des Haars, die nach vorn gleitet, eine goldene Lawine, eine abrutschende Schneemasse in flüssigem Kupfer, ein Fels aus blondem Haar, der zu Boden fällt. Es ist plötzlich kalt, und man blickt teilnahmslos vor sich hin, ohne zu begreifen, dass es das eigene Haar ist, das da verstreut auf dem Boden liegt. Erst als man seine Nachbarin sieht, begreift man, die Zellengenossin, die man eine Sekunde lang nicht erkennt, ebenso wenig wie man sich im Blick der anderen wieder erkennt. So beginnt die Zerstörung, mit einer Schur, bei der der zivilisierte Mensch, der einen Namen, einen Vornamen und einen Beruf hat, im Auge seines Mitmenschen seinen Geist aushaucht.

Die Fortsetzung …

… Auf einem Tisch liegend, die Beine gespreizt … und das Geräusch der Schermaschine, die erneut klappert. Aber der Friseur rasiert nur noch die Geisterscham einer Geisterfrau.

Eine Frau bleiben …

Wenn Ödeme die Knöchel zieren, wenn die Regel mit siebzehn ausbleibt, wenn das Verlangen erlischt, während der Traum sich auf einen Brotkanten konzentriert, und doch … die verrückten Abende, an denen man versucht, sich mit zwei gestohlenen Stoffquadraten einen BH zu basteln, das Gelächter, wenn man seine Brüste mit denen der Freundinnen vergleicht, und das Zusammenlegen einer Margarineration für eine Schönheitsmaske. Wer hat die Idee gehabt? Wer hat es ausgesprochen?

»Bei diesem Klima wird unsere Haut schnell welken.«

Und noch am selben Abend keimt die Idee auf, wächst, wird übermächtig. Sie sind zu viert, jede gibt etwas von ihrem Leben ab, indem sie einen Teil der lebenswichtigen Margarine hergibt. Hat Mascha, die Polin, Margot aus Lille, vielleicht Jeanne, die Pariserin, oder Frida, die Berlinerin, die Initiative ergriffen?

Eines der Mädchen erklärt sich für zuständig:

»Ich eröffne einen Schönheitssalon, sagt es weiter.«

Zwei Finger, schwielig von Schaufel und Hacke, nehmen ein Stückchen Margarine. Die weiße Creme wird auf die Haut aufgetragen, von der Stirn bis zum Kinn, wobei sie einen seidig glänzenden Streifen hinterlässt. Die anderen schauen zu, manche lachen, während diejenigen, die schweigen, den Kampf verstehen. Abwechselnd haben die vier jungen Frauen sich mit dem heiligen Öl gesalbt. Lächelnd unter der Salbung, die ihnen Anmut verleiht, betrachten sie sich, bewundern sich, wundern sich über ihre Kühnheit. Sie haben das Recht erworben, die Partie fortzusetzen, und sie tun es … Eine Frau bleiben.

»Aber ich bin eine Frau«, hat Odette zu mir gesagt.

Eines Abends hatte Mascha sie zusammengerufen. Geheimnis ... Und die Enthüllung, in vertraulichem Flüsterton:

»Ich habe Schminke für die Lippen.«

Die anderen bestürmen sie ungläubig mit Fragen.

Mascha holt ein Stück Papier aus der Tasche, faltet es auseinander und enthüllt einen riesigen Rubin. In Wirklichkeit besteht der Schatz aus einem winzigen Stück zerstoßenem Backstein, einem rötlichen Pulver aus dem Ton, aus dem die massiven Blocks gebaut werden.

Die Baracke hat sich verflüchtigt, das Lager ist verschwunden. Die *Coyas* sind riesige Klubsessel geworden, Abgründe aus weißem Leder, in denen man versinkt. Das ganze primitive Mobiliar verwandelt sich in einen Haufen Diwane, die den erschöpften Körpern mütterliche Geborgenheit bieten, in Hängematten, die einen in einem riesigen weißen Schönheitssalon wiegen.

Eine Frau bleiben? Wenn man seinen Glanz einbüßt? Wenn der Körper verfällt? Wenn die Muskeln schwinden? Hilfe! Helft mir! Kosmetik! Hier! Ziegelrot ist der letzte Schrei. Ziegelrot für alle! Schönheitsmaske! Hier! Es lebe die Margarine! Gerippe ... Auf zur Pflege! Schönheit! Los!

Eines Tages hatte ich versucht, die Arbeit zu wechseln, und ein junger Bursche hatte mir in den höchsten Tönen das Kommando schmackhaft gemacht, das beauftragt war, den Müll des Lagers zu verbrennen, das Kommando der Müllmänner, mit dem beiläufigen Hinweis, dass man dort Nahrung aufstöbern könne. Ziemlich naiv ... Was sollte man in den Mülleimern von Auschwitz schon finden?

Und ich habe mich überzeugen lassen! Ich habe nichts gesehen, das mich mehr erstaunt hätte als dieses Rieselfeld, diese Reihen von Dampfsäulen, die aus dem völlig unbrauchbaren Unrat aufstiegen, den man dort verbrannte, die Fäulnis, die Gerüche, die totale Unmöglichkeit der Wiederverwertung. So muss die christliche Hölle aussehen, ein endloses nebliges Gelände, auf dem die stinkenden Abfälle der Menschheit brennen. Zum Glück habe ich nur einen Tag dort verbracht und konnte dann zu meiner wunderbaren Arbeit als engagierter Erdarbeiter zurückkehren.

Aber an jenem Morgen arbeitete etwa hundert Meter entfernt, durch eine Kette von Posten von uns getrennt, eine Gruppe von Frauen. Das Leben im Lager bot einem nicht gerade Anlass, Mitleid zu empfinden. Wenn man sich Fragen stellte, auf die es keine Antwort gab, wenn man sich selbst bemitleidete, öffnete sich unter den Füßen eine Fallgrube, aus der man nur tot wieder herauskam. Die Intellektuellen beherrschten dieses morbide Spiel ausgezeichnet. Man stellt keine Fragen, wenn es kein mögliches *Warum* gibt. Und dennoch, als ich an dem Tag diese Gruppe unförmiger Gestalten sah, diese Mädchen in Lumpen, die von den weiblichen Kapos mit Schlagstöcken geprügelt wurden, als ich meine Mutter, meine Schwester sah und als auch die anderen ihre Mütter und ihre Schwestern sahen, die sich da im Schlamm dahinschleppten, Zerrbilder des Menschengeschlechts, da durchlebten wir alle einen Moment der Schwäche.

Ich habe in meinem Leben selten ein solches Mitleid für jemanden empfunden wie in diesem kurzen Augenblick. Die Frauen … Die Frauen trennten sich niemals von ihren

Kleinen und starben mit ihnen. Die Frauen … und ihre durch nichts zu ersetzende Wärme. Odette, Micheline, Édith und all die anderen …

*

Block 19. Januar 45.

Die Durchfallstation lebt nach ihrem eigenen Rhythmus, nicht dem der Selektionen. Täglich werden die Toten weggebracht, täglich werden die frei gewordenen Betten mit Neuzugängen im Reich des tödlichen Dünnpfiffs belegt. Draußen ist alles weiß. Der Schnee liegt auf den Dächern, stopft die Löcher in der Fahrbahn. Nach dem Tanz der Schneeflocken wird alles noch melancholischer; aber das Licht, das dieses Weiß ausstrahlt, tut gut.

Das banalisierte persönliche Unglück bleibt Unglück, aber es wird anders empfunden. Hier im Krankenbau sind wir nur noch isolierte Atome inmitten einer allgemeinen Katastrophe, und obwohl wir untrennbar mit ihr verbunden sind, nehmen wir sie nicht mehr als Ganzes wahr, sondern wie ein Kämpfer während eines Bombenangriffs. Um ihn herum stürzt alles ein, aber die strategischen Pläne des Generalstabs betreffen ihn nicht. Für ihn zählt nur der Augenblick, der ihm zu leben bleibt: Weiterleben, das ist die Frage, die einzige. In diesem riesigen Saal sind wir nur noch Mitglieder einer neuen Art von Ghetto, eines geschlossenen Ortes in einem Nazilager. Was außerhalb geschieht, interessiert uns natürlich, das vorrangige Problem ist jedoch, hier zu bleiben, im Warmen.

Während der Pause geht das Massaker weiter, der Krieg ebenfalls. Wir wissen noch nicht, dass er uns einholen wird.

Für einen Lagerinsassen bleibt der Krieg etwas Schönes. Sicher, man schlachtet sich ab, man stirbt in der Scheiße wie überall, wo man sich gegenseitig tötet, natürlich zeigt sich die Grausamkeit wieder auf dem »Feld der Ehre«, zweifellos gewinnt das archaische Denken die Oberhand; aber zwischen den Kämpfen, in den Atempausen, die dieses gemeine Aas den Menschen lässt, lebt man. Außerdem gibt es die »Kriegsgesetze«. Es gibt zumindest emotionslos zwischen Nationen unterzeichnete Konventionen, die Genfer Konvention, die Rolle des Roten Kreuzes auch! Laut diesen Abkommen werden keine Verwundeten getötet! Während hier ... die Lebenden getötet werden. Es ist das Land des Un-Rechts, der Gottlosigkeit, der Seelenlosigkeit, der Mitleidlosigkeit. Das Land des Nichts! In Auschwitz kennt man keine »Gnade«. Und das so beruhigende Rote Kreuz scheint nur einmal im Lager gewesen zu sein. Jemand muss ihm von diesem bizarren Ort erzählt haben. Ja, wie schön ist doch der Krieg, vom Lager aus gesehen.

Ich träume vor mich hin. Die Zeit zerfließt.

Im Lager hat die Zeit ihre übliche Gliederung durch die Arbeit, ihre Ruheanker, ihre festen Bezugspunkte in Gestalt von Freunden, bekannten Gesichtern, Verpflichtungen oder Begegnungen verloren. Verschwunden auch ihre Kriegschronologie, die schon fünf Jahre umspannt.

Dünkirchen ... Stalingrad ... die Befreiung Frankreichs ... Was bedeutet das für den Menschen, den es bei der Selektion erwischt? Er lebt. Aber alles ist zu Ende. Seine Zeit ist abgelaufen. In zwei Stunden wird er das Lager durch den Schornstein verlassen.

Ein Tag in Paris … Ein Tag im Lager … Wo ist die Gemeinsamkeit, die erlaubt, die Zeit zu quantifizieren, wenn sie, zum Höhepunkt getrieben, katastrophisch wird? Eine Stunde mit einer Frau. Eine Stunde mit Odette. Eine Stunde, in der man zusieht, wie die Mitmenschen krepieren, in Wirklichkeit eine Stunde, in der man sich selbst beim Krepieren zusieht, allein, man kratzt immer allein ab. Die Zärtlichkeit hat eine andere Dimension angenommen. Ihr negativer Gegenspieler gibt den Ton an: der Hass. Er ist überall, macht sich in dir breit, frisst deine Logik auf, deinen Blick, die Zeit, die dir bleibt.

Und doch, um durchzuhalten, darf man die Zeit nicht außer Acht lassen, die Tage nicht vergessen.

Sich erinnern … Um jeden Preis … Sich seiner und der anderen erinnern, vor allem der anderen, wenn du du selbst bleiben willst, auch wenn die Emotion ihren Geschmack geändert hat und Ablehnung ist, Verabscheuung des anderen, das Verlangen, die Lagerhierarchie zugrunde gehen zu sehen, Wut auf den Kameraden, der einen rücksichtslos anrempelt, wenn die Suppe verteilt wird, Hass auf sich selbst, weil man jede Stunde, die verstreicht, ein Stück weiter zerfällt. Welcher zum Tode Verurteilte hat nicht davon geträumt, den Tod sterben zu sehen?

Die Zeit … anderswo beginnt ein ganz normaler Tag, ein Tag, an dem der Krieg auf allen Kontinenten brüllt und wütet. Hier ist es ein banaler Tag, an dem man sich erinnern muss, um die Bezugspunkte der Welt draußen nicht zu vergessen, das Leben nicht auszulöschen, die Lehre der Vorfahren nicht zu widerrufen, ohne Leben keine Ethik, ohne Moral kein Gesetz, ohne Gesetz siegt das Vergessen, und wenn das Vergessen triumphiert, dann hat der Schwarze Orden gewonnen.

Ich bin hier, in diesem Bett, ein Häufchen Elend, und ich erinnere mich an meine Familie, meine Leidenschaften, meine Abneigungen. Ich werde die Baracke nicht vergessen, nicht die alte Frau, die in einer Ecke betete, nicht die beiden fröhlichen Kinder, die die Fortsetzung ihrer Geschichte nicht mehr erfahren haben, nicht die Liebenden, die sich ein letztes Mal im Dunkel dieses Schuppens am Ende der Welt liebten, mit ihrer verdorrten Leidenschaft, nicht die Kameraden auf Zeit, die die Angst zermürbt hat, nicht die schon toten Menschen, die sich noch bewegten, nicht die Menschen, die hier zu ihrem wahren Leben als Menschen »geboren« wurden, nicht die Frommen, die ihren Glauben verloren, nicht die Gottlosen, die endlich zu Gott fanden, nicht die baufällige Baracke, riesiger hölzerner Uterus, der nur Körper gebar, die bereits verwest waren. Und Odette … Soll ich sie vergessen? Dieses Mädchen, Lichtgestalt inmitten meines Wachalbtraums, soll ich sie auslöschen? Bin ich ihr Spiegelbild? Ist sie meins? Liebte ich sie oder mich in ihrem Lächeln? Ist das Liebe? Die Liebe gehört wie die Hoffnung nur denen, die an sie glauben, die Liebe, das sind wir, Odette, Micheline, Édith, ich und die ganze Baracke, in den Raum geschleudert, in der Zeit fliegend wie Glutvögel, in die Welt geworfen wie brennende Eintagsfliegen, diese winzigen Insekten, die in der Spanne eines Tages die Ewigkeit leben. Ja, bevor die Zeit meinen Blick zerstört, muss ich mich erinnern, muss ich das Gedächtnis der Toten bleiben, die getötete Zärtlichkeit der Leichen, ihre Wärme, ihre Sicht, die zerbrochenen Träume der Kleinen, dieser Kinder mit dem Blick Hundertjähriger, die mit Füßen getretene Erfahrung der Alten, das nutzlose Wissen der Weisen, muss ich mich erinnern, dass im Lager das Leben die Hoffnung verloren hat. Mich erinnern, ja …

An meine erste Ohrfeige auch …

Ich brauchte etwas Wasser für eine Frau, die mich gebeten hatte, ihr welches zu besorgen, damit sie ihr Baby säubern konnte. Sie hatte mir dafür eine kleine Metalldose gegeben, die sie gerettet hatte, eine dieser kleinen Bonbondosen, die viele Kinder besaßen, um ihre Süßigkeiten oder ihre Belohnungen darin aufzubewahren.

In der Baracke gibt es keinen Wasseranschluss. Einer der Lagerveteranen erklärt mir, es gebe einen im Desinfektionsbau, ohne dazuzusagen, dass wir über dieses Gebäude das Lager betreten würden, wenn … Genauso wenig, wie mir einer sagt, dass wir uns in der Todeszone des Lagers befinden und dass es verboten ist, weiter als bis zur Baracke mit den Latrinen zu gehen.

Dumm wie jeder Neuling, der in eine Welt hineingeworfen wird, die er nicht versteht, steuere ich auf das Backsteingebäude zu; nirgendwo eine Menschenseele. Ein Augenblick völliger Ruhe im unablässigen Kommen und Gehen, das die Menschen um uns herum in Bewegung hält.

Der Desinfektionsbau. Niemand da. Ich befinde mich in einem Raum, in dem sich Wasserhähne über Waschbecken aneinander reihen, wie in jedem Waschraum.

Ich drehe einen Hahn auf, lasse die gelbliche Flüssigkeit

ein paar Zentimeter hoch in meinen winzigen Behälter laufen und …

Die Ohrfeige hat mich von rechts getroffen, mit voller Wucht. Die Metalldose fliegt spritzend durch den Raum. Jemand brüllt auf mich ein, auf Deutsch natürlich:

»Was suchst du hier? Wer hat dir erlaubt, hier hereinzukommen?«

Derjenige, der mich da so anbrüllt und mir mit dem Finger die Tür weist, ist ein Häftling.

»Los, verschwinde!«

Ohne einen Muckser mache ich mich aus dem Staub und kehre kleinlaut zu der Frau mit dem Baby zurück. Maurice, mein Kamerad aus der Pariser Jugendgruppe, sieht mich, als ich ihm die Geschichte erzähle, an, als sei ich verrückt geworden.

»Da hast du ja noch mal Schwein gehabt. Wenn du an einen von der SS geraten wärst …«

Meine erste Ohrfeige in Birkenau. Ich habe noch eine Menge Prügel einstecken müssen, unter anderem einen Schlag mit der Klopfpeitsche mitten in die Fresse, von Kaduk, einer wilden Bestie in Uniform, dem Rapportführer des Lagers, dem SS-Mann, der für den Appell verantwortlich war. Aber das ist eine andere Geschichte, die der täglichen Misshandlungen.

*

Und die Rückkehr in die Wirklichkeit. Die Stimme von Doktor Pollack?

»Herr Suverbil …«

Überraschung des Tages. Ein neuer Kranker kommt in unseren Saal, den ich aus Frankreich kenne, aus Pau, wohin mein Exodus mich 1940 verschlagen hatte. Er ist genauso alt wie ich und trägt den gleichen Vornamen, Jo. Aber für alle, die ihn 1941/42 kennen lernten, war er »der Buddhist«.

In der Gruppe junger Pariser, die im Lande König Heinrichs Zuflucht gesucht hatten, hatte niemand die geringste Ahnung von der Lehre des Buddhas, aber dieser Bursche hatte uns alle in seinen Bann geschlagen; er strahlte eine große Selbstsicherheit aus und kam mit Theorien daher, denen keiner von uns widersprechen konnte, was ihm bei den Mädchen der Gruppe ein hohes Ansehen verschaffte.

Ich hasste diesen Menschen. Aus einem einfachen Grund: Er hatte mir meinen ersten falschen Personalausweis verkauft, ich sage bewusst: verkauft.

Durch die Vichy-Gesetze war meine Familie gezwungen, in Nay zu leben, einem hübschen Marktflecken am Ufer des Gave de Pau, auf halber Strecke zwischen Lourdes und Pau.

Ich meinerseits war zwar für eine Gesellschaft von Fremdarbeitern angeworben worden, da ich aber bei den Souverbielles eine Stelle als Kunsttischlerlehrling gefunden hatte, wurde ich zu ihnen »versetzt«.

Ende Dezember 42. Ich erhalte eine schriftliche Aufforderung, mich im Internierungslager Gurs einzufinden. In dieser Zeit kann nur ein Schwachsinniger einer solchen Aufforderung Folge leisten. Gurs bedeutet Transport nach Drancy und Drancy Weiterreise mit unbekanntem Ziel.

Es ist klar, dass ich nicht unter meiner wirklichen Identität verschwinden kann. Mein Vater erfährt, dass man in Pau falsche Papiere bekommen kann, erkundigt sich, gerät an den

Buddhisten, den er kennt, bezahlt eine Menge Geld für einen falschen Ausweis und bringt mir einen Blankopersonalausweis mit dem Foto, das ich ihm mitgegeben hatte, versehen mit der Zauberformel, dem Stempel einer Stadtverwaltung in der besetzten Zone. Dieser Ausweis war so schlecht gemacht, dass ein Hotelier in Saint-Martin-d'Hères am Stadtrand von Grenoble, dem ich ihn zum ersten Mal zeigte, zu mir sagte:

»Mein Junge, an deiner Stelle würde ich das Ding lieber nirgendwo vorzeigen. Damit riskierst du Probleme.«

Der Mann irrte sich. Ich riskierte keine Probleme, ich steckte bereits bis zum Hals drin.

Heute scheint dies alles undenkbar; aber damals, Ende 42, erfuhr die Anfertigung von falschen Papieren einen ungeahnten Aufschwung, nicht zuletzt dadurch, dass in zahlreichen Städten durch die Zerstörung der Rathäuser die standesamtlichen Daten verloren gegangen waren und die Einteilung des Landes in verschiedene Zonen die Arbeit der Verwaltung nicht gerade erleichterte und die Nachprüfung erschwerte.

Es gibt verschiedene Quellen für Personalausweise: Manche werden von den Präfekturen ausgestellt, andere von den Polizeikommissariaten. Aber der einfachste Weg ist, bei einem Schreibwarenhändler ganz legal einen Blankopersonalausweis zu kaufen. Man füllt ihn aus, wird mit einer Geburtsurkunde, zwei Fotos, einer Wohnsitzbescheinigung im Rathaus seines Wohnorts vorstellig, und der Coup ist gelungen, wenn der zuständige Beamte seinen Stempel auf das Foto gedrückt hat.

Einfach und perfekt, wenn man eine Geburtsurkunde hat. Was für den, der einen falschen Ausweis braucht, natürlich nicht gilt.

In Grenoble werde ich mit der Geburtsurkunde, die ich von meinem ehemaligen Chef bekommen habe, endgültig Jules Joseph Souverbielle, indem ich mir einen echten Personalausweis mit einer falschen Identität ausstellen lasse. Es ist die Zeit der falschen Ausweise und der Scheinidentitäten, der echten Papiere mit falschen Namen; auf dem Markt findet man alles, alle Kombinationen sind möglich. Einer meiner Verwandten hat sich 43 mit derselben Geburtsurkunde nacheinander Bru, Brunet und Brunetti genannt. Gleiches geschah mit Bayle, Baylerin und so weiter.

Mit dem Korrekturstift Text auf einer Personenstandsakte auszumerzen erwies sich letztlich als Kinderspiel. Ein technischer Hinweis: Wenn Sie ein Dokument »säubern«, säubern Sie es vollständig, sonst erscheinen gelbliche Flecke an den getilgten Stellen.

1943 verteilen die Résistance-Bewegungen in Grenoble Unmengen von Personalausweisen, Familienbüchern, Mitgliedsausweisen verschiedener Vereine, damit die Papiere, die bei den ständigen Kontrollen unter der Besatzung vorgezeigt werden, eher für echt gehalten werden. Gratis natürlich. Ganz zu schweigen von den im Widerstand tätigen Rathaussekretärinnen, die das heillose Durcheinander der durch und durch echten und mehr oder weniger geschickt gefälschten Papiere, die in Umlauf sind, noch vergrößern.

*

Es ist Nacht über dem Mittelmeer. Die *Bergensfjord* hat den Kurs geändert, wir fahren auf nördlicher Route.

Ein roter Schimmer, eine glühende Flamme gibt allen Passagieren, die sich auf die Reling stützen, Rätsel auf. Eine riesige Fackel brennt über den Fluten. Ich fühle mich unbehaglich, der Schein der Gruben in Birkenau ist nicht vergessen. Diese fahlroten Lichter, die man von der »Baracke« aus sah und die von nichts anderem als den Ausweichgruben herrührten, wenn die Krematorien voll ausgelastet waren.

»Der Stromboli«, sagt eine Stimme. Eine der Äolischen Inseln, wir befinden uns südlich von Neapel.

Es ist sehr mild. Ich strecke mich an Deck aus und betrachte die Sterne in dieser friedlichen Nacht.

Und ich sehe »den Buddhisten« wieder, der auf der unteren Pritsche in der Reihe von Betten mir gegenüber liegt.

Er erholt sich sehr schnell von seiner Darmerkrankung, und eines Abends kauft er mit einem Zigarettenvorrat, den er sich in seinem Kommando hat anlegen können, einen Napf Suppe mit Hilfe eines Kumpels von draußen und lädt mich ein, ihn mit ihm zu teilen. Die Drückeberger und manche Privilegierte, Nichtjuden, Deportierte, die Pakete bekamen, aßen die Suppe nicht und verkauften sie weiter.

Ich glaubte zu träumen. Seine Suppe teilen? Hier? Nicht einmal der heilige Martin hätte ein Stück seines Mantels angeboten. Und der war ein Heiliger … Aber die Heiligen werden in der Hölle wieder zu ganz gewöhnlichen Menschen. Und Jo war immerhin Buddhist …

Löffel für Löffel, einen für Jo den Buddhisten, einen für Jo Suverbil, teilten wir uns den Napf. Und diese Opfergabe, die

Spende dieser Nahrung, gab es nun täglich, bis zum 16. Januar. Am folgenden Tag rückten die Kommandos nicht aus, und es begann das Chaos des Exodus. Am 18. Januar wurden der Buddhist und ich getrennt.

Von diesem Tag an, der mir stets in Erinnerung bleiben wird, nimmt das Schicksal die Dinge in die Hand. All meine rationalen Entscheidungen werden durchkreuzt von einer unsichtbaren Hand, über die ich keine Kontrolle habe. Eine Art mentale Erschöpfung zieht eine Unbekümmertheit nach sich, die ich an mir nicht kenne, ein Gewährenlassen, das mir das Leben gerettet hat. Das Lager hat mich gelehrt, dass ich mich im Leben nur auf mich selbst verlassen kann. Das ist eine Lehre, die ich nie vergessen habe. In den Jahren, die seit der »Rückkehr in ein normales Leben« verstrichen sind, habe ich ein paar persönliche Katastrophen erlebt. Ich bin stets allein damit fertig geworden. Und hier, im letzten Akt meines Konzentrationslagerlebens, ließ ich den Dingen ihren Lauf ... Es begann mit Doktor K. und dem Buddhisten.

Die menschliche Natur ... Als er mir diesen falschen Ausweis verkauft hatte, ging es um mein Leben. Jetzt beschleunigte er seinen körperlichen Verfall, indem er eine lebenswichtige Nahrung mit mir teilte. Und ich entdeckte einen jungen Mann, der durch das Lager zu sich selbst gefunden hatte.

Ich fragte ihn über seinen Handel mit den falschen Papieren aus.

»Was willst du, ich hatte kein Geld mehr, nichts. Und ich brauchte schließlich etwas zu beißen.«

Als die Gerüchte über eine Evakuierung konkreter wurden, beschlossen wir beide, den Krankenbau zu verlassen. Wir wussten sehr genau, was geschehen würde, wenn die Nazis das Lager aufgeben würden. Sofortige Hinrichtung der noch verbliebenen Häftlinge und Zerstörung der Gebäude durch Sprengung oder mit Flammenwerfern.

Am Morgen des 18. Januar gingen wir im allgemeinen Aufruhr gemeinsam zum Arzt.

»Doktor, wir wollen nicht bleiben. Erlaube, dass wir den Krankenbau verlassen. Wir brauchen Klamotten.«

K. sah uns lange an und sagte dann zu dem Buddhisten:

»Schön, du kannst gehen.«

Enttäuscht rief ich:

»Und ich?«

»Du bleibst hier. In deinem Zustand kommst du keine zwei Kilometer weit. Wenn du unsicher auf den Beinen bist, werden sie dir eine Kugel in den Kopf jagen.«

Ich protestierte, tobte und kehrte, da ich nichts ausrichten konnte, in einem Zustand unerträglicher Wut und Frustration in mein Bett zurück. Ich hatte einen tödlichen Hass auf K., dieser Hund verurteilte eine Leiche zum Tode. Wenn ich dagegen hätte gehen können ... In der Nacht vom 17. auf den 18. machten sich die ersten Kommandos auf den Weg nach Westen.

Die neue Uniform hat einen anderen Menschen aus Jo gemacht. Ich begleite ihn zur Tür. Ich bin im Hemd, mit nacktem Arsch, ein armer Teufel, umgeben von anderen.

Draußen herrscht ein unglaubliches Durcheinander, das vor zwei Tagen noch unvorstellbar gewesen wäre. Das ganze Lager ist in Aufruhr. Die SS-Maschinerie ist ins Stocken geraten. Vom Block aus gesehen sind die Straßen schwarz von Menschen, immer die gleichen Kommandos werden gebrüllt, in allen Blicken liegt die gleiche Ungläubigkeit, als es Schläge mit dem Gummiknüppel zu hageln beginnt.

Ich wende mich an Jo.

»Lauf zum Depot, draußen herrscht Chaos, und bring mir Kleider. Die dürften nicht schwer zu finden sein. Ich werde auf keinen Fall hier bleiben. Die Untergrundorganisation fordert alle Gesunden auf, das Lager zu verlassen.«

»Ich versuch's.«

Die Zeit vergeht, Jo kommt zurück.

»Unmöglich, zum Kleiderdepot durchzukommen. Die SS-Leute lassen keinen durch. Ich gehe mit meinem Kommando.«

Wir schüttelten uns die Hand, und der Buddhist sagte zu mir:

»Wer zuerst in Frankreich ist, benachrichtigt die Eltern des anderen. Einverstanden?«

Ich habe seine Familie benachrichtigt. Er ist nie zurückgekehrt.

*

Anfang Januar 45. Block 19.

Um den 12. Januar hat sich die Nachricht verbreitet: Die Russen greifen in der Region an.

Das Gerücht erweist sich sehr rasch als richtig. Die Rote Armee rückt auf die Weichsel vor.

Im Lager kommen die Nachrichten immer aus der gleichen Quelle. Die Häftlinge, die in der Lagerverwaltung arbeiten, stehen in ständigem Kontakt zu den SS-Männern. Sie sprechen alle Deutsch. Sie brauchen nur zuzuhören, wenn die Posten sich unterhalten, auf die Schnelle eine herumliegende Zeitung zu überfliegen, die Ohren zu öffnen, wenn ein Radio läuft, um nicht mehr von der Außenwelt abgeschnitten zu sein.

Ein verrückter Traum nistet sich in den Köpfen ein. Und wenn *sie* zu uns kämen? Das Undenkbare, die mythische Rote Armee.

Auschwitz liegt nicht weit entfernt von der Weichsel, dem großen Fluss, der durch Krakau fließt, und die Stadt liegt auf ihrem Weg, etwa sechzig Kilometer von hier.

Als Kontrapunkt die Angst. Und was wird aus uns, wenn sie hierher kommen? Man kann sich die Apokalypse vorstellen …

»Warten wir's ab«, sagt Henri zu mir.

Henri und Armand, zwei neue Durchfallkranke, bei denen der Funke überspringt. In dem Saal liegen nur wenige Franzosen. Die anderen sind Holländer, Belgier oder Ungarn.

Gerüchte. In ganz Oberschlesien stellen sich die zahlreichen Kommandos, die über die Bergwerke, Fabriken und Steinbrüche verteilt sind, vermutlich die gleichen Fragen, und alle Penner und Zombies von Birkenau bis Buna-Monowitz[31] spitzen die Ohren. Die Menschen in den Konzentrationslagern sitzen im Fall eines sowjetischen Angriffs auf den Parkettplätzen. Hoffnung keimt wieder auf, eine tödliche Hoffnung.

31 Birkenau: Auschwitz II. Buna-Monowitz: Auschwitz III.

Am täglichen Programm hat sich scheinbar nichts geändert. Die Arbeit geht weiter, und jeden Morgen rücken Tausende von Pyjamas zu den Baustellen aus, wo sie ihren Tod verdienen. Derselbe Gleichschritt, links, links, die gleiche Erschöpfung, dieselben Oberkörper, die sich wieder aufrichten. Das Orchester spielt unerschütterlich. Vom Krankenbau aus hört man noch immer den fernen Klang der Instrumente, der uns darauf hinweist, dass im Lager ein neuer Tag beginnt.

Und in dem riesigen Bereich der Konzentrationslager, in Blechhammer, in Jawichowitz, in Kattowitz, bis hin zur ehemaligen polnisch-deutschen Grenze bei Gleiwitz hält ein neues Wort Einzug in das Lagervokabular, ein magisches Wort, in dem sich Schrecken und verrückte Hoffnung mischen: Evakuierung! In allen Sprachen Europas, in den Mundarten, in den Jargons, auf Jiddisch, auf Griechisch, auf Ungarisch, auf Flämisch denken, summen, träumen die Menschen eine unbekannte Buchstabenfolge: Evakuierung!

Die Bedeutung ist einfach: Man wird das Lager verlassen, nicht in einem Transport[32], sondern in einem Marsch in die

32 Brauchte die SS Arbeitskräfte in irgendeiner Ecke des »Reichs«, verhafteten die Posten, wenn die Kommandos ausrückten, die Anzahl von Männern, die anderswo benötigt wurde, verfrachteten diese in einen Standardzug, der aus Viehwagen bestand, und schickten die Fracht dorthin, wo die Männer gebraucht wurden. Kein Gepäck, kein Abschied. Massenverhaftung. Abfahrt an die Ostsee, nach Böhmen, Slowenien, in die Hölle. Und alle, die einen ruhigen Posten hatten oder einer politischen oder anderweitigen Organisation angehörten, fürchteten diese Transporte. Anderswo musste man sich, ohne Unterstützung, neu orientieren und als einfacher Häftling von vorn beginnen.

Freiheit, da die Russkis nach Westen vorrücken und die Alliierten nach Osten, und die Lager liegen in der Mitte.

*

In den Lagern sind die Deportierten niemals gleich.

Der allgemeine Begriff »Deportation« verschleiert bedeutende Unterschiede in der Behandlung. Ein Konzentrationslager hat nur, sagen wir, punktuelle Gemeinsamkeiten mit einem *Vernichtungslager*, das man nicht lebend verlässt (Uniformen, SS-Disziplin, Sträflingsarbeit, fehlende medizinische Betreuung, Unterernährung, körperliche Gewalt, ständige Demütigungen, Krematorien usw. sind in allen Lagern gleich). Der grundlegende Unterschied ist die zusätzliche Errichtung einer Gaskammer in den Todesfabriken, die nur einem Zweck dienen: der Vernichtung.

Diese Art von Welt hat es vorher nicht gegeben, und sie ist daher mit nichts vergleichbar. In den einfachen Konzentrationslagern gibt es keine Selektionen, in den Vernichtungslagern finden sie dagegen unaufhörlich statt.

Ich bin der festen Überzeugung, dass die Nazis die Hauptstätten des Todes nicht zufällig in Polen errichtet haben. Sagen wir, dass der »Boden« und das »geistige Klima« sich dafür anboten. Das geografische Argument, dem zufolge die zentrale Position dieses Landes als Eisenbahnknotenpunkt dafür ausschlaggebend gewesen sein soll, scheint mir nicht überzeugend.

Die Polen sind ein Volk, das zu sterben versteht. Es hat 39 seinen Mut bewiesen, als es die deutschen Panzer mit Lanzenreitern angriff. Aber dieses todesmutige Volk versteht nicht zu leben. Das hat es bewiesen während der Vernichtung seiner jüdischen Mitbürger, einer nationalen Minderheit, die zehn Prozent der Gesamtbevölkerung ausmachte und eine Gruppe von unvergleichlicher intellektueller Bedeutung war. 1939 erschienen in Warschau täglich etwa fünfzig jiddischsprachige Zeitungen in Auflagen, die gewiss sehr häufig lächerlich klein waren, die aber existierten und einen sehr intensiven Gedankenaustausch ermöglichten. Ganz zu schweigen von den kulturellen Zentren, die sich durch eine unerhörte geistige Regsamkeit auszeichneten, wie etwa Wilna, das »Jerusalem des Nordens«, um nur eines zu nennen. Es gab in dieser ehemaligen Hauptstadt nicht eine Straße, nicht ein Haus, nicht eine Wohnung, in der man nicht einen Mann traf, der sich über den Talmud, die Gemara oder eine Thora beugte. Einen Mann im Gebet, einen Mann, der lehrte, einen Mann, der »nachdachte«, einen Mann, der »fragte«.

Davon ist nichts als Asche geblieben.

Die Polen waren die Einzigen, die die Feinde (die Juden) ihrer Feinde (der Deutschen) für Feinde hielten. Und das einzige Land Europas, das NACH Auschwitz ein Pogrom erlebte, war Polen. In der Stadt Kielce, 1947.

Vernichtungslager, die gewaltige Todesmühlen waren, gab es meines Wissens sechs in Polen: Belzec, Chelmno, Sobibor, Auschwitz, Majdanek, Treblinka. Ich lasse die Ghettos und die Massengräber der SS-Einsatzgruppen beiseite. Der serienmäßige Tod hat dort mit der gleichen Heftigkeit gewütet, aber in anderer Gestalt als in den eigentlichen Tötungsfabriken. Und man wird auch nicht vergessen, dass, als die lettische SS Ostern 43 mit der Liquidierung der letzten Bewohner des Warschauer Ghettos begann, die Polen, die aus der Messe kamen, von der Fußgängerbrücke aus, die die beiden Teile der »arischen« Stadt verband, dem Massaker applaudierten. Während Marie in Ravensbrück krepierte und Marie-Madeleine gezwungen wurde, sich in einem ukrainischen Bordell zu prostituieren, während Joseph sich in Buna die Lunge aus dem Leib hustete und Anne und Marthe in Bergen-Belsen ihr Leben aushauchten und während Jesus jeden Morgen in einem Ghetto gekreuzigt wurde, applaudierte eines der am fanatischsten dem Katholizismus verhafteten Völker ihrem Tod.

Im besetzten Europa hat Deutschland ein Muster verfluchter Orte zurückgelassen, deren Namen die Geschichte für immer bewahren wird; aber der Versuch oder vielmehr die Versuchung, beispielsweise in Dachau zu überleben, bedeutete eine Möglichkeit, eine sehr, sehr geringe zwar, aber doch immerhin eine Möglichkeit, am Leben zu bleiben, während die Deportation nach Treblinka das Aus bedeutete.

Alles in Auschwitz war ins Extreme gesteigert, Handlungen, Gefühle, Verhaltensweisen, einschließlich des Klassenkampfs in seiner lächerlichsten Form.

500 (¿) Drückeberger gegenüber 24 500 (¿) angehenden Skeletten[33]. Nicht einer der durch seinen Beruf, seine Beziehungen, seine Gepflogenheiten, ja seine Bekanntheit im »Zi-

33 Ich verfüge über keine genauen Daten hinsichtlich der Anzahl der in Auschwitz lebenden Personen. Sie schwankte ständig. Ich beziehe mich dabei auf die Anzahl der Blocks im Stammlager, nämlich achtundzwanzig, und ihre ungefähre Belegung, je nachdem, wie viele Männer sich eine Pritsche teilen mussten.

villeben« (Musiker beispielsweise) Privilegierten hätte auch nur auf eines seiner »Privilegien« verzichtet. Und das ist verständlich. Die Vernichtungsmaschine diente auch diesem Ziel: die Sträflinge zu spalten, den einen zu begünstigen, um den anderen etwas neidischer, etwas unterwürfiger zu machen, die Frustration und den Hass von ihren wirklichen Zielen, den SS-Männern und der grünen Hierarchie, ab- und hin zur Selbstzerstörung umzulenken. Und diese 500 *Oberprivilegierten* wurden zu einer Quelle der Provokation und Verzweiflung für die anderen. Man muss übrigens dazusagen, dass sich das Kapital dieser »Privilegierten« auf wenige Dinge beschränkte, aber diese waren lebenswichtig.

Der Abschaum waren hier die Juden aus ganz Europa und die Bürger dieser in keine Schablone passenden Welt mit Namen »NN«[34], die ungeheure Zahl derer, die das Lager niemals lebend verlassen durften, die Untermenschen und die überzeugten Gegner des Nazismus ... Denken ... war unter den Nazis ein absolutes Verbrechen.

Ein Deportierter wie Schuschnigg, der ehemalige Bundeskanzler Österreichs, oder ein Léon Blum – das sind nur Beispiele – haben als Deportierte ein ganz anderes Schicksal als der einfache polnische Jude gehabt. Ebenso sind die christlichen Polen nicht auf die gleiche Weise behandelt worden wie ihre Mitbürger »mosaischen« Glaubens, wie der Vermerk in den Personenstandsakten der polnischen Juden lautete. Was nicht verhindert hat, dass nach dem

34 NN: Initialen von »Nacht und Nebel«. So wurden diejenigen bezeichnet, die verschwinden sollten, ohne Spuren zu hinterlassen, untergetaucht bei Nacht und Nebel. Deutschland ist immer ein romantisches Land gewesen.

Durchzug des nationalsozialistischen Wirbelsturms auch jede christliche polnische Familie ihren Trauerfall hatte. Meines Wissens betrafen die Selektionen nur die Juden. Was aber wiederum nicht bedeutet, dass nicht auch Christen vergast wurden. Alles … und sein Gegenteil war möglich, war plausibel im Lager. Niemals vergessen, wenn man zu verstehen versucht, dass es nichts zu verstehen gibt in einer unverständlichen Welt, in der es nur ein Gesetz gibt, den Schlagstock, nur eine Strafe, den Tod, nur eine Denkungsart, die Unvernunft.

Manche Internierte bekamen Pakete, was den Termin des tödlichen Kräfteverfalls hinausschob. Ich hatte die Gelegenheit, an der Plünderung der Häftlingspaketstelle teilzunehmen, und kann es bezeugen.

Die Gelehrten von Weltruf, die Elite der Universitäten von Heidelberg, Wien, Budapest und anderswo, die im Kommando »Rajsko« arbeiteten und wissenschaftliche Forschungsarbeit leisteten, waren relativ geschützt. Relativ, denn wenn Berlin befohlen hätte, sie zu töten, wären sie augenblicklich hingerichtet worden.

Für die ganz wenigen Überlebenden der französischen Transporte von 42 und 43 (manche Züge wurden vollständig vernichtet) war das Lager zu einem »echten Sanatorium« geworden, als wir ankamen. Und da ich weiß, was sie durchmachen mussten und wie verschwindend klein die Zahl derer ist, die zurückkamen, denke ich, dass der Vergleich zutreffend war, selbst wenn es mich erbitterte! Ich glaube, aus meinem Transport haben etwa dreißig überlebt, eine recht beachtliche Zahl.

Ich erinnere mich an eine Unterhaltung mit zwei Juden

aus Warschau, die beinahe ein schlechtes Ende für mich genommen hätte.

Es waren die allerersten Tage im Lager, und die Ungläubigkeit regierte noch, obwohl die Tatsachen für sich sprachen. Ich sprach Jiddisch und konnte offen mit diesen beiden Überlebenden des Warschauer Ghettos reden. Sie erzählten mir, was sie durchgemacht hatten, und ich stellte ihnen, halb ungläubig und wütend, weil ich schon wieder dieses Gerede vom Sanatorium hörte, eine vollkommen idiotische Frage!

»Nach all dem, was ihr durchgemacht habt … Lebt ihr noch?«

Nachdem mich ihr tödlicher Blick getroffen hatte, stellte ich nie wieder solche blöden Fragen.

Die Gleichheit gab es nur im Endstadium: dem Krematorium. Die Körper eines vergasten Juden, eines gehängten politischen Gefangenen, eines in der »11«, der Politischen Abteilung[35], zu Tode gefolterten Gläubigen oder Atheisten brannten alle auf die gleiche Weise, wenn sie in den Ofen kamen.

*

Und jetzt sind plötzlich, mit dem Vormarsch der Roten Armee, wieder alle vollkommen gleich durch die Zauberkraft eines Wortes: Evakuierung.

Die Zeit vergeht, 13., 14. Januar, das Lager wird von einem unsichtbaren Fieber gepackt, das niemanden verschont. Im Lager eine Kanalisation zu bauen, bekommt plötzlich etwas Lächerliches, die Straßen auszubessern, wird grotesk, und

35 Euphemistische Bezeichnung der Gestapo von Auschwitz.

in der Sandgrube *Haus Palitsch* zu graben, erweist sich als sinnlose Tätigkeit.

Und jeden Tag wird es konkreter: Evakuierung.

Die Anweisungen der Untergrundorganisation sind eindeutig: »Wenn ihr gesund seid, haut ab. Die SS-Offiziere werden keine Zeugen zurücklassen.«

Meine Kontaktperson zur Organisation ist ein junger Bursche meines Alters, Michel, ein in Toulouse verhafteter Aktivist. Ein Junge von bemerkenswerter Intelligenz, mit dem ich Schaufel und Hacke geteilt habe und manchmal ein Lächeln, wenn uns der Sinn nach Humor stand. Was leider selten der Fall war. Einen Tag hackte ich, und er schaufelte, am nächsten Tag wechselten wir.

Es ist wichtig, einen gleichaltrigen Arbeitskameraden zu haben. Die wenigen »Alten«, die die Selektion bei der Ankunft überlebt hatten, starben sehr schnell auf den Baustellen. Auf diese Weise habe ich Doktor Chatt sterben sehen.

Alle Emigranten, die in den dreißiger Jahren in Belleville strandeten, kannten diesen legendären Arzt.

Durch seine Praxis, die am Boulevard lag, gingen alle Kranken des Viertels.

Er hätte eine erstaunliche Romanperson abgegeben. Er war klein und fett und hatte einen Sprachfehler, er lispelte, und die Kinder des Viertels äfften ihn nach. Er war ebenso arm wie seine Patienten, die ihn nur bezahlten, wenn sie dazu in der Lage waren. Krankenversicherungen gab es damals nicht, Heilmittel waren äußerst knapp (Schröpfköpfe, Inhalationen, Blutegel), und wenn die Patienten wieder gesund wurden, so war das eher ihrer Konstitution als den Heilkünsten dieses Arztes zuzuschreiben.

Verhaftet in Lyon, hatte er meinem Transport angehört, und nachdem er bei der Selektion verschont worden war, kam er in dieselbe Gruppe von Erdarbeitern wie ich.

An jenem Tag …

Die Baustelle ist ein endloser tiefer und breiter Graben mit unbekannter Bestimmung. Hinten einer, der hackt, und einer, der schaufelt. In der Mitte muss Chatt auf einer winzigen Plattform die Erde, die die Mannschaft hinten zusammengetragen und zu ihm weiterbefördert hat, zu mir nach draußen schaufeln.

Ich bin der Einzige von uns vieren, der sich im Gesichtsfeld des Kapos befindet.

Chatt nimmt die Erde in Empfang, schaufelt sie zu mir, und ich türme sie zu einem Haufen auf. Wozu? Das bleibt im Dunkeln. Chatt ist alt, seine Kräfte lassen nach, und die Schaufelladungen landen nicht mehr vor mir, sondern fallen in das Loch. Der Kapo darf auf keinen Fall merken, dass Chatt die Plattform verlassen und zu arbeiten aufgehört hat. Ich lege mich wie wild ins Zeug, rackere mich ab. Es nützt alles nichts. Der Kapo kommt zu uns, brüllt und befiehlt Chatt, wieder auf seine Plattform zu steigen.

Der alte Arzt aus meiner Kindheit, der unter den Schlägen zusammenbrach, wurde am Abend halb tot ins Lager zurückgebracht. Ich habe ihn nicht wiedergesehen.

Die Gerüchte erhärten sich. Auschwitz steht vor dem Ruin. Das Meisterwerk des Nazismus bricht zusammen.

Die Foltern und der Tod, die Dummheit und der Sadismus, die zur Institution gewordene Erniedrigung des anderen, die Herrenmenschen und ihre geistige Unbedarftheit, die Erbärmlichkeit der deutschen Hochschullehrer, die industrielle Produktion von Menschenasche, Raub und Plünderungen als neues europäisches Wirtschaftssystem, Gepflogenheiten und Manieren der Unterwelt als neue politische Gesetze, der Schlagstock als letztes Argument, die ins deutsche Strafgesetzbuch aufgenommene und damit legalisierte Folter, die Bücherverbrennungen, die Verfechter der »germanischen« Kunst, die Anbeter des Todes, die Anhänger der Eugenik, die Adepten der Freude durch Arbeit, der Kult des »Führers«, der für dich denkt, sich für dich anstrengt, für dich verwaltet, all diese pervertierten Wahrheiten haben sich als Pleite erwiesen. Der Tod wird endlich wieder zum natürlichen Ende jedes Menschen werden und nicht mehr diese ständige Erniedrigung, dieser lange Abstieg in die Niederträchtigkeit sein. Ein schöner Sieg, nachdem Millionen Menschen an allen Fronten und in allen Lagern umgekommen sind, weil man endlich wieder die Freiheit hat zu leben; für die Pyjamas reduziert sie sich jedoch darauf, dass der Tod seine ursprüngliche Bestimmung wiedererhält. Das und sonst nichts bedeutet die Freiheit im Lager!

Der Nazismus meldet Konkurs an. Und die Gläubiger kommen waffenstarrend zu Millionen von Westen und von Osten, um die Konten zu schließen.

»Der Iwan kommt!« … Alle SS-Leute kennen diesen Satz, diese Worte, die Deutschland in Angst und Schrecken versetzen.

Evakuierung! Erneut die Anweisung: »Bleibt nicht im Lager, wenn ihr gesund seid. Wenn es so weit ist, haut ab!«

Der 17. Januar markiert den Anfang vom Ende des Planeten Auschwitz und seiner Satelliten. An jenem Tag ist kein Kommando zur Arbeit ausgerückt. Das Orchester ist verschwunden. Keine Schneeflocken begleiten mehr die letzten Schritte eines Lebens. Keine Militärmärsche unterstreichen mehr den Tod durch Zerbröseln. Im Lager verlor man seine Realität stückchenweise, genau wie ein Brett, das man abhobelt. In jedem Augenblick ließ man sein Leben Span um Span dahinrieseln. Ein Span, zwei … Man war gerade zweimal gestorben.

Der Totentanz geht zu Ende. Die Todesmusik ist endlich verstummt.

Eine merkwürdige Stimmung liegt über dem riesigen Gelände des Stammlagers. Als lockere sich die allzu gespannte Feder der eisernen Disziplin plötzlich. Ein Gefühl von Schlaffheit. Und, ganz merkwürdig, bei den meisten dieser Menschen, die nur noch Haut und Knochen sind, der plötzliche Eindruck, die Orientierung verloren zu haben. Es werden keine Befehle mehr gebrüllt, das Verschwinden der Lagergewohnheiten, die zu Verhaltensreflexen geworden sind, versetzt die Menschen in Panik wie Versuchskaninchen in einem Käfig, die plötzlich ihre gewohnten elektrischen oder anderweitigen Stimuli nicht mehr bekommen. Ich werde mir auf einmal bewusst, welchen Grad der Entmenschlichung die überwältigende Mehrheit der Pyjamas erreicht hat. Die Mehrheit der Häftlinge ist zu Schafen ohne Hütehunde geworden. Aber die Doggen sind noch nicht verschwunden … das Lager scheint zu treiben. Selbst die SS-Leute, die Kapos und die Blockältesten wirken hilflos. Eine gigantische Industrie des Mordens zu schaffen verlangt präzise Regeln. Jetzt sind sie nicht mehr da, und die Maschinerie kommt zum Stillstand.

In der Menge, die ohne bestimmtes Ziel durch die Straßen des Lagers läuft, werden die Gerüchte zur Gewissheit: Die Roten sind in Krakau, und die Evakuierung wird beginnen. »Wir verlassen das Lager« lautet die Losung des Tages in allen Sprachen des schlesischen Babel.

Die Menschen kommen und gehen, stellen sich Fragen, einen unerwarteten Glanz im Blick, in dem Ungläubigkeit aufscheint. Auch die Bürokratie, die so streng organisiert ist, denn die Deutschen sind Meister der Ordnung und perfekte Industrielle, gerät aus dem Gleis, da die Leute, die den Krankenbau verlassen und zu ihren Kommandos gehen, nicht einmal mehr ihre Kennnummern auf Jacke und Hose tragen. Es bleibt keine Zeit, die Schneider zu bemühen.

Ich nehme an, dass die SS-Leute sich eine Menge Fragen stellen. Was ist in den Plänen des Führers nicht berücksichtigt worden, dass es nicht funktioniert? Worin hat Heinrich Himmler sich geirrt? Seine tapfere SS hat ihre Aufgabe nicht beendet, Europa von allem, was denkt, von allem, was Fragen stellt, von allem, was zweifelt, zu befreien. Denn das ist das jüdische Übel, das ist die Pest: Diese Leute sind NIEMALS des Lesens und Schreibens unkundig gewesen; diese Untermenschen haben Jahrhunderte damit verbracht, immer wieder dieselben Texte zu lesen, zu analysieren und zu kommentieren, diese Ratten denken! Und zweifeln … Daher dieser Jauchefluss, das Infragestellen der bestehenden Ordnung. Für einen Nazi ist das unerträglich.

Wo und wann hat das deutsche Volk, das Volk, das als Alibi für alle Gräueltaten dient – »Dem Deutschen Volke« … so steht es über den Ruinen des niedergebrannten Reichstags –, versagt und den Horden aus Asien erlaubt, Krakau zu erobern, dieses Juwel des ehemaligen österreichisch-ungarischen Kaiserreichs? Denn Krakau ist gefallen!

Österreich, das Land des Führers, trägt Trauer. Hatte der Kaiser der januskköpfigen Monarchie, dieses versunkenen Reichs, nicht neben dem des Königs von Ungarn und des Königs von Böhmen auch den Titel »Herzog von Auschwitz«[36]? Und die Mongolen werden sein Gebiet besetzen, dieses Adelsjuwel an sich reißen, dessen Name für immer in die Geschichte eingehen wird? Auschwitz …

In der Menge, die ohne bestimmtes Ziel durch die Straßen des Lagers läuft, in einer Art blanker Panik, werden die Gerüchte zur Gewissheit: Die Roten sind wirklich in Krakau, und die Evakuierung wird beginnen. Kommando für Kommando, Block für Block. Arbeit und Wohnsitz sind im Lager miteinander verbunden.

Die ersten, die gehen, sind zwei Kommandos ausgemergelter Männer, zwei Gruppen, die sehr schwer arbeiten mussten, der *Holzhof* und der *Kohlenplatz*.

Dort ist man schnell gestorben. Und das wird so weitergehen. Während Deutschland in den letzten Zügen liegt, werden sie die langen Leichenketten eröffnen, die die Wege dessen säumen werden, was man die »Todesmärsche« nennen wird, diese ungeordnete und ziellose Flucht der Deportiertentrupps, die von ihren Wächtern während des endgül-

36 Ironie der Adelstitel!

tigen Zusammenbruchs von Lager zu Lager getrieben werden, während gleichzeitig, auf Initiative Himmlers, Züge mit deportierten Frauen Bergen-Belsen Richtung Schweden verlassen. Vom Delirium zum Wahnsinn, vom Wahnsinn zum totalen Chaos inmitten einer Apokalypse aus Bomben und Bränden, mit dieser groben Formel kann man den Nazismus von Anfang bis Ende zusammenfassen. Die Historiker werden von einer Götterdämmerung sprechen. Doch es handelt sich eher um die Dämmerung der europäischen Strolchokratie, den – leider nur vorübergehenden, denn er ist immer nur vorübergehend – Untergang der zur Lebensweise erhobenen menschlichen Dummheit. Wenn es Gott gegeben hat, dann müssen die Häftlinge geehrt werden. Die Märtyrerlegenden des Christentums, die lehrreichen Geschichten der Katechismen sind harmlose Märchen verglichen mit dem Schicksal derer, die das in ihrem Horoskop nicht verzeichnete Pech hatten, in Block 11 zu enden oder aus Auschwitz evakuiert zu werden.

Ein weiteres Gerücht aus den Büros. Die SS-Leute verbrennen bestimmte Archive.

Block 19. Abteilung Dünnschiss-und-Tod.

Auch dort vibriert die Luft. Das doppelte Eingesperrtsein, die Unmöglichkeit hinauszukommen, erzeugt eine wahnsinnige Angst. Im Block bleiben bedeutet sterben. Die Verpflegung kann nicht mehr gewährleistet werden. Keine Bäckereien mehr, keine Küchen. Ganz zu schweigen von dem, was die SS-Leute tun werden. Als perfekte Mörder werden sie keine Spuren hinterlassen.

Wenn man sich auf einen elend langen Weg macht und dabei Schuhe mit Holzsohlen[37] trägt, nachdem man all seine Kraftreserven durch schreckliche Durchfälle verloren hat, dann bricht man zwangsläufig am Straßenrand zusammen; die SS-Leute müssen nicht einmal schießen. Das Klima wird denen den Gnadenstoß versetzen, die den verschneiten Graben für ein weißes Bett halten werden. Die Straße von Auschwitz nach Kattowitz wird nichts anderes als ein langer, mit Leichen gepflasterter Weg sein. Und diejenigen, die die Evakuierung überleben, werden noch bis April, Mai die Lager in einem Deutschland zu ertragen haben, das nicht einmal mehr seine eigene Bevölkerung ernähren kann. Die Hungersnot wird also bis zum Schluss regieren.

Wie die anderen drehe ich in den Gängen meine Runden, wie auf einem Karussell von Gespenstern, im Hemd, mit herausstehenden Knochen, rasierten Schädeln und nackten Ärschen. In einem stummen Tanz von Skeletten inmitten eines unaufhörlichen Getöses von Fragen ohne Antwort.

Gerüchte. Nichts Genaues, nur die Kommandos, die eines nach dem anderen, manchmal in recht großen Abständen, durch das Tor gehen.

Das Rad des Schicksals dreht sich jetzt für jeden. Das Lager leert sich; aber draußen, auf der Straße, in jeder Biegung, an jeder Kreuzung, vor jedem Kilometerstein, lauert der Tod.

Ich muss unwillkürlich an den Spruch denken, der, unter Glas gerahmt, manche Blocks »schmückte«:

37 Der frisch gefallene Schnee klebt am Holz und bildet Klumpen unter den Sohlen. Es gibt nichts Besseres, um sich die durch Muskelschwund geschwächten Knöchel zu verdrehen, zu verstauchen …

Es gibt einen Weg zur Freiheit.
Seine Meilensteine heißen:
Gehorsam, Fleiß, Ehrlichkeit.
Ordnung, Sauberkeit, Nüchternheit,
Wahrhaftigkeit, Opfersinn
und Liebe zum Vaterland!

Immer diese heuchlerisch moralisierende Seite des Nazismus, voller scheinbar guter Gefühle, die eine schreckliche Realität verschleierten. Die Nazis hatten ein gespaltenes Bewusstsein, wie die Kodifizierung der Wahnsinnstaten beweist, die sie begingen, wenn sie beispielsweise von »Sonderbehandlung« sprachen, um nicht Vernichtung sagen zu müssen, oder ihre Manie der Geheimhaltung, die darin bestand, dass sie sich mit mündlichen Befehlen begnügten, den »Wünschen des Führers«, um keine schriftlichen Spuren zu hinterlassen, oder auch die Begründung, mit der ein Himmler die Ermordung der Kinder rechtfertigte: »Wir durften keine eventuellen Rächer am Leben lassen«, was darauf schließen lässt, dass man sich insgeheim zwar der sicheren Niederlage bewusst war, zugleich aber ankündigte, dass man weiterhin töten würde, und zwar bis zum bitteren Ende.

Dazu passen auch gewisse andere Sprüche der Lager: »Jedem das Seine!« oder: »Ein Sack Ziegel ist viel leichter als das Gewicht eines Verbrechens.« Wahrlich die Sprache von Experten … Kein Deutscher ist unter einer Ladung Steine gestorben. Die Reue ist von Gott (¿) zwar nur erfunden worden, um wieder gutzumachen, dass er die Sünde geschaffen hat. Aber die SS hatte nicht die geringste Ahnung, was Schuld oder Verbrechen bedeuten.

»Es gibt einen Weg« … Diejenigen, die das Lager verlassen werden, werden keine anderen Straßenschilder haben als: Tod, Tod, Tod … Und der Weg wird lang sein, sehr lang, bis zum ersten Zug …

Nachdem der Buddhist weg ist, bilden Henri, Armand und ich eine kleine solidarische Gruppe.

Armand.

Er ist ein achtzehnjähriger Lothringer aus Sarreguemines, der mit seiner ganzen Familie deportiert wurde.

Sein Vater hat das Lager gar nicht betreten.

Henri ist aus Paris. Etwas älter.

Simon wird sich uns erst ein paar Tage später anschließen.

Mitten am Nachmittag kommt ein SS-Mann in den großen Saal von Block 19.

»Achtung! Alle, die in der Lage sind zu laufen, werden aufbrechen. Ihr werdet Kleider und Schuhe bekommen.«

Und, unerhört, er fügt hinzu:

»Es ist sehr kalt, ihr könnt Decken zerschneiden und Stücke davon mitnehmen, um euch zu schützen.«

Unglaublich! Ein mütterlicher Killer, der sich um unser Wohlbefinden kümmert und den Befehl zur Sabotage gibt! Denn nach ihren Gesetzen gilt das Zerschneiden einer Decke des Dritten Reichs als Sabotage und zieht die sofortige Todesstrafe nach sich.

Als die Klamotten kommen, springe ich aus dem Bett. Ich bin der Erste, der angezogen ist, ohne die Decken anzurühren. Wenn man mich dort, wo wir landen werden, mit Stoffstücken am Körper findet, wird man mich nicht lange nach Erklärungen fragen. Eine Kugel in den Kopf ist mir sicher.

Wieder in meinen gewohnten alten Klamotten, spüre ich meine Lebenskräfte neu erwachen. Eine Fensterscheibe zeigt mir mein Bild: ein hageres Gesicht, glänzende Augen, schwarzer Flaum auf dem Kopf – keine Schermaschine seit etwa drei Wochen. Aber die Häftlingskleidung gibt mir ein »menschliches« Aussehen zurück, verglichen mit der halb nackten Elendsgestalt, die ich noch vor knapp einer Stunde war. Die Tatsache, dass man ausgezogen war, verstärkte noch die tägliche Erniedrigung. Es ist nicht weiter verwunderlich, dass bei der Gestapo die Männer während der Verhöre fast immer nackt waren. In diesem Fall trägt die Nacktheit dazu bei, die Leute schneller hilflos zu machen. Und erst die Frauen beim Verhör ...

Doktor K. verzieht keine Miene. Er hat beschlossen, den Krankenbau nicht zu verlassen.

Draußen haben die SS-Leute die Dinge wieder in die Hand genommen. Die Kommandos richten sich aus, als würden sie zur Arbeit ausrücken. Nur die Musik fehlt.

Die übliche Formation der marschierenden Männer in Fünferreihen.

Die betroffenen Gruppen erhalten ihre Lebensmittelration für unterwegs. Ein halbes Brot und ein halbes Päckchen Margarine pro Mann.

Zwischen den Blocks wimmelt es von blauweißen Männern, die aufgeregt durcheinander laufen, während sie darauf warten, abziehen zu können.

Nacht. Zusammen mit Armand und Henri verlasse ich

endlich den Krankenbau und reihe mich in die Reisegruppe von Block 19 ein. Merkwürdigerweise ist die Angst von mir abgefallen. Wir werden das Lager verlassen.

*

8. Mai 1945. Neapel.

Es wird Tag. Die *Bergensfjord* gleitet in eine Postkartenbucht. Es ist wirklich eine, wir fahren in die Reede von Neapel ein, und dieses Bild habe ich in all meinen Geografiebüchern gesehen.

Zur Rechten der Vesuv. Enttäuschung. Ich dachte immer, er würde rauchen; aber da erhebt er sich furchtlos, im Golf verankert, und wacht über eine riesige Stadt, die den Krieg erlebt hat.

Halteleinen. Eine leichte Gangway. Uniformierte kommen an Bord. Unruhe beim Generalstab des Schiffes.

Alle Männer, die nicht zum Arbeitsdienst eingeteilt sind, drängen sich an der Reling.

Plötzlich tönt uns aus den Lautsprechern auf Englisch eine Nachricht entgegen, die rasch übersetzt wird:

»Winston Churchill spricht zu euch!«

Und die Stimme des Mannes von 1940, der seinem Land »Blut, Schweiß und Tränen« prophezeit hatte, verkündet, dass Deutschland in der vergangenen Nacht in Reims bedingungslos kapituliert habe.

Der Krieg in Europa ist beendet. Zumindest militärisch. Was die Folgen betrifft …

Die Engländer brechen in Hurrageschrei aus und singen. Aber die Männer bleiben ruhig. Gewiss, es erfüllt einen mit

Erleichterung zu erfahren, dass Töten wieder zu einem Verbrechen wird; aber jeder der Passagiere an Bord dieses Dampfers trägt eine furchtbare Erfahrung mit sich herum, die ihn von der ausgelassenen Freude ausschließt, auch wenn sie mit Sicherheit die ganze Welt erfasst hat.

Ich stehe abseits, allein, unbeteiligt. Für mich ist der Krieg militärisch am 27. Januar zu Ende gegangen. Ich empfinde für einen Augenblick Freude, als eine Sirene ertönt, der sogleich die eines anderen Schiffes antwortet. Nach und nach stößt alles, was in der Bucht von Neapel schwimmt, ins Horn, und ein gewaltiges Heulen liegt über der Reede.

Es beginnt mit einem fröhlichen Gesang, der anschwillt, unter dem blauen Himmel vibriert, und langsam, ganz langsam geht dieser animalische Schrei in Schluchzen über. Dieser tiefe Ton, diese ungeheure Klage, die anwächst und sich hält, dieser Hilfeschrei, der zum Firmament aufsteigt, begrüßt das Ende des gelebten Albtraums und die Anfänge der kommenden Albträume, die wir in Freiheit durchleben werden.

Wir sind den ganzen Tag am Kai geblieben. Die Männer unterhalten sich, kommentieren das Ereignis. Der neunjährige Krieg ist beendet, denn das Blutbad hat nicht am 1. September 39 begonnen, sondern schon am 18. Juli 1936 in Spanien.

Ja, die spanischen Republikaner waren die Ersten, die gegen die maßlose und unbarmherzige Dummheit Mussolinis, Francos und Hitlers und ihrer Zerrbilder – Degrelle, *Monsignore* Tiso, Doriot, Antonescu, Pavelić, Szálasi und wie sie alle hießen, auf Abwege geratene Ideologen, die noch schlimmer als ihre Vorbilder waren – in allen Ländern, die die

Armeen des Reichs besetzen sollten, in den Krieg zogen. Madrid ist die erste europäische Hauptstadt, die bombardiert wurde, und Guernica eröffnet die endlose Liste der in Schutt und Asche gelegten Städte, an deren Ende Dresden in Deutschland steht. Die letzten Deportierten, die am 5. Mai befreit wurden, sollten übrigens die in Mauthausen sein.

Die Sirenen grölen und weinen. Freude und Trauer. Der Krieg ist vorbei.

Düstere Gedanken hinsichtlich dessen, was uns zu Hause erwarten wird, stürmen auf uns ein. Gibt es dieses »Zuhause« überhaupt noch? Jeder hat irgendwo eine Familie zurückgelassen. Was ist von ihr noch übrig? Aber das ist ein Tabuthema. Man spricht es an, aber jeder vermeidet, in die Finsternis einzutauchen. Denn das befreite Europa ist dunkel für die Passagiere der *Bergensfjord*.

Manche sind bereits seit 1940 in Kriegsgefangenschaft, die Zwangsarbeiter kamen seit Anfang 43 nach Deutschland. Den ersten Transport französischer Deportierter gab es im März 42. Jeder Überlebende schwimmt in einem Bad aus Bomben, Schrecken, Bränden, Leichenbergen, Schlägen, unvorstellbaren Gewalttaten, seit Franco sich vorgenommen hat, die spanische Regierung zu stürzen. Jeder weiß, dass für ihn und für die Welt von nun an nichts mehr sein wird wie vorher. Ja, jeder empfindet eine Art trauriger Freude. Der Krieg ist vorbei. Fragt sich nur, wann wir unsere Nachkriegszeit beginnen können.

Am Abend ausgelassenes Treiben in der Bucht von Neapel. Ein Schiff hat eine rote Rakete abgeschossen. Ein weiteres schließt sich an. Genau wie die Sirenen am Morgen. Ein monochromes, blutfarbenes Feuerwerk erleuchtet die

Nacht. In der Marine ist die rote Rakete ein Notsignal. Als würde die riesige Flotte, die hier vor Anker liegt, in einer Umgebung, die wie geschaffen ist für Liebe und Zärtlichkeit, sich vor der unermesslichen Leere verneigen, welche die Überlebenden des Zweiten Weltkriegs in sich spüren, und am schwarzen Himmel eine düstere Silhouette aus dem Hämoglobin von Millionen Menschen zeichnen, die der Krieg verschlungen hat.

Wir fahren wieder in die Nacht. Richtung Meerenge von Bonifacio.

Es ist jetzt heller Tag, und das Schiff dreht ab. Am Heck des Schiffes beobachte ich, an der Reling lehnend, die Tümmler, die uns gewissermaßen Geleitschutz geben und aus dem Wasser springen, um sofort wieder hineinzutauchen. Ein derartiges Schauspiel habe ich noch nie gesehen. Schwarzsilberne Blitze, üben diese Wale sich in einer Gymnastik, die sich stark von der des Lagers unterscheidet. Im Lager folgte, als eine der Strafen, nach einer Runde »Mützen ab, Mützen auf!« normalerweise eine Gymnastikstunde mit einem SS-Mann als Lehrer, dem ein oder zwei Kapos zur Seite standen.

Ein ganz einfaches Spiel, das »Mützen ab, Mützen auf!« Eine Kurzfassung des Appells.

Es wird mit zwei Mannschaften gespielt: eine Gruppe von Häftlingen in Habachtstellung gegen einen SS-Mann.

Befehl.

»Mützen ab!«

Die Schädel werden entblößt, die Mützen klatschen gegen den Schenkel.

»Mützen auf!«

Die Mützen kehren an ihren ursprünglichen Platz zurück.

A priori nicht weiter schlimm. Abgesehen von der Dauer des Spiels, abgesehen von dem immer schnelleren Rhythmus, in dem der Befehl erteilt wird, abgesehen von dem Arm, der vor lauter runter, rauf und wieder runter bald nicht mehr kann. Einmal, zehnmal, hundertmal, zweihundertmal. Ein Anflug von Mordlust steigt hoch, ein Impuls, der sofort unterdrückt wird. Denn die geringste Geste des Aufbegehrens, das kleinste Anzeichen von Müdigkeit, und …

In der Regel war die Turnstunde mit der Arbeit verbunden und hatte nichts von einem Spiel. Keine Rede von einem Wettkampf Sportclub Kapo gegen Olympiamannschaft Krematorium, mit Schiedsrichter und Linienrichter. Es geht lebhafter, lebendiger zu … wie man so schön sagt …

… Baustelle. Eine Gruppe bleibt zurück, was einen Posten zu einer Bemerkung über die Unfähigkeit des Kapos veranlasst. Sofort stürzt der untere Dienstgrad los, gefolgt von seiner Eskorte von Vorarbeitern. Die Gummiknüppel sind bereit, die Knochen auch.

»Faulenzer! Mistkerle! Schweinehunde! Idioten! Scheißkerle! Ihr trödelt jetzt also bei der Arbeit, werdet fett und träge. Ihr glaubt wohl, das ist ein Sanatorium hier? Los, ihr Faulpelze, ein bisschen Gymnastik wird euch gut tun. Ihr werdet schon sehen, ein bisschen Sport, und schon geht's wieder. Aufstellen, in Fünferreihen!«

Gedränge. Rempeleien. Die Ellbogenstöße der Kapos tun weh. Die Kolonne ist bereit, schnurgerade ausgerichtet dank der Angst und der Anspannung. Auch die Grünen stehen bereit. In zwei Reihen bilden sie die Wände eines breiten Gangs, gespickt mit Schlagstöcken, die wirken wie Jagdtrophäen.

»Im Laufschritt! Marsch!«

Die Reihe setzt sich in Bewegung.

»Schnell! Schneller! Rechts um! Hinlegen! Aufstehen! Auf den Bauch!«

Die Männer werfen sich auf den Boden, liegen im Staub.

»Aufstehen! Im Laufschritt! Schnell, schnell, schneller!«

Wilder Staffellauf, bei dem jeder den Staffelstab übergeben darf. Einen Staffelstab aus rotem Gummi, der niedersaust und brennt, wenn er sich bewegt, ein langer, biegsamer Schlauch, der auf die Nachzügler niederprasselt: der Gummiknüppel. Erneute Stabübergabe. Achtung! Der Tod nimmt teil am Lauf. Er will mitspielen. Man könnte meinen, ein Ballett, der Gummiknüppel saust auf einen Kopf nieder, der andere schützt sich mit dem Arm, rennt vorwärts, stößt mit dem nächsten Schlagstock zusammen, prallt zurück, springt, läuft erneut los, Rennen, Schlagstock, Schreie.

»Auf den Bauch! Zehn Liegestütze. Schnell! Schneller!«

Die mageren Arme versuchen, sich vom Boden zu lösen. Einer gibt auf. Mit der Wange an der gelben Erde klebend, betrachtet er das Lager von der Seite, dicht über dem Boden, sieht nur noch Beine, Zäune, Sockel von Wachtürmen. Vor seinen Augen tanzt und zittert alles in einem roten Nebel.

Die Stimme trifft ihn von oben, von sehr hoch oben. Die Stimme des Herrn ruft, befiehlt.

»Steh auf, du Schweinehund!«

Der Mann gehorcht nicht, das Schwein hört nicht, der Hund betrachtet die Landschaft aus einem ausgefallenen

Blickwinkel, dem, aus dem man nicht sieht, dem, aus dem man nicht mehr sieht. Der Schweinehund ist tot.

Der Stiefel trifft die Rippen mit voller Wucht.

»Steh auf, du Schwein!«

Der Nächste. Er lebt. Andeutung einer Bewegung. Er kommt auf allen vieren an. Wie in der Schule. Auf allen vieren laufen. Er schafft zehn Zentimeter, zwanzig. Der Schlagstock saust nieder, der Mann wird flach, blauweißer Läufer auf dem hellen Boden.

Die anderen profitieren davon, verschnaufen.

Fußtritte. Geräusch des Gummiknüppels, der niedersaust. So, so, der schläft also auch.

»Im Laufschritt! Hinlegen! Aufstehen! Kriechen!«

Auf der Aschenbahn stellen sich die blauweißen Trikots jetzt in unregelmäßigen Abständen in einer Reihe auf. Auf die Plätze! Fertig? Krepiert! Blauweiß gestreift. Das sind nicht die Farben des traditionellen Pferderennens, und das ist hier nicht der Bois de Boulogne. Übrigens sind diese Burschen weder sehr sportlich noch fair. Sie haben den Staffelstab fallen lassen, sie pfeifen auf die viermal hundert Meter; der Marathon, der Geländelauf, die Mittelstrecke sind ihnen scheißegal. Sie halten den Stab nicht mehr, tragen keine Informationen mehr weiter. Sie sind tot.

Ich beobachte die Tümmler bei ihrem wilden Tollen. Auf dem blauen Meer schillern weiße Reflexe.

*

18. Januar 1945.

Draußen. Nacht. Eine Straße in Auschwitz, vor Block 19. Es friert.

Die Gruppe aus der Abteilung Dünnschiss-und-Leichen, eine dicht gedrängte Masse. Davor das Kommando aus Block 18, die Metaller der Union und die Proleten der Fabrik der Deutschen Ausrüstungswerke. In Wirklichkeit ist die Straße vollkommen verstopft von den Männern, die auf den Abmarsch warten und ein langes Band bilden, das auf der Stelle tritt, ohne voranzukommen.

Ich bin eingerahmt von Henri und Armand. Wir haben beschlossen, uns nicht zu trennen.

Ein SS-Mann kreuzt auf. Zum ersten Mal sehe ich einen von der SS, der eine Brille trägt. Unsere Schlächter und Herren kratzen ihre letzten Reserven zusammen. Denn die schönsten Exemplare der »Rasse« vermodern inzwischen in der schwarzen Erde Russlands.

Der Mann trägt Kampfanzug, Helm, Stiefel und über der Schulter ein Maschinengewehr. Er wendet sich an die Gruppe und informiert uns, dass der Abmarsch unmittelbar bevorsteht. Wir werden unsere Marschverpflegung erhalten.

Verblüffung! Keine Beschimpfungen. Der bebrillte Krieger weist uns darauf hin, dass es ein schwerer Marsch werden wird, und bittet uns, uns gegenseitig zu helfen. Ich war an diesem Abend wirklich auf alles gefasst und stoße nun, nach dem mütterlichen Killer, auf einen fürsorglichen SS-Mann.

»Fliegeralarm!«, schreit ein Deutscher voller Angst.

Das ist das Einzige, was die Nazis wirklich fürchten, einschließlich der SS-Männer: die Flugzeuge.

Motorengeräusch am dunklen Himmel. Ferne Detonationen. Das Lager versinkt in Dunkelheit, mit Ausnahme von Block 18, der hell erleuchtet ist.

Der SS-Mann brüllt.

»Block achtzehn, achtzehn a, Licht aus!«

Es geht ihm nicht schnell genug. Der Deutsche zieht seine Pistole, zielt auf die Fenster und schießt. Die Scheiben zersplittern. Licht aus!

Erneutes Motorengeräusch. Russen? Deutsche? Die Kampfhandlungen haben uns erreicht.

Das einzige Licht ist jetzt der ferne Schein eines Brandes.

»Sie verbrennen die Archive«, sagt eine Stimme.

Die lange Kolonne derer, die auf den Abmarsch warten, bildet eine schwarze Linie im Schnee. Zur Linken zieht die weiße Mauer der Küche die Blicke auf sich. Sofortige Reaktion. Essen! Es ist dunkel; bis das Licht zurückkehrt, besteht keine Gefahr. Einige Gruppen rennen zum Vorratslager. Ich auch, und ich komme sehr schnell mit drei Konservendosen voll Fleisch zurück. Unmöglich, ein Loch in die Metalldeckel zu bekommen.

Ein Ungar schlägt mir vor, das Fleisch gegen Zigaretten zu tauschen. Der Handel gilt.

Die Flugzeuge sind immer noch zu hören, und die Explosionen in der Ferne erinnern uns daran, dass wir an der Front sind.

Es zieht sich in die Länge. Erneut verlasse ich die Kolonne, um einen Kameraden aus meinem Transport zu begrüßen, Jacky, der in der Gruppe von Block 20 steht, direkt hinter uns. Diesen Burschen habe ich in Saint-Paul kennen gelernt. Im Gefängnis waren auf seinem Gesicht noch die

Spuren des Verhörs sichtbar. Als Krankenwärter in Block 20 kommt er mir gut genährt vor.

Zurück in Frankreich, erfahre ich, dass er den langen Marsch überlebt hat und auch die zusätzlichen Wochen in Haft. Er ist in Freiheit gestorben. Am Tag nach der Ankunft der Amerikaner in seinem neuen Lager.

Es bleibt weiter dunkel. Offensichtlich handelt es sich um einen schweren Luftangriff, und ich teile den Jubel der Männer um mich herum.

Nat, ebenfalls aus Grenoble und bei der Evakuierung dabei, erzählt mir, als ich ihn in Paris wieder treffe, was für eine übergroße Freude er in jener Nacht in seinem Wagon, einem Güterwagen ohne Dach, in einem Rangierbahnhof in Dresden empfand, als er aus der Ferne die Zerstörung der Stadt durch die Bomber der Alliierten[38] mit ansah. Das war im Februar, und noch immer schleppte sich so manche Gruppe von Flüchtlingen aus Auschwitz, die noch am Leben war, aus dem Lager zu unsicheren Zufluchtsorten, von vereisten Straßen in Massengräber.

Ich habe mich oft gefragt, ob wir, die Überlebenden, bei unserer Rückkehr nicht beinahe schwach geworden wären.

38 Die Bombardierung Dresdens im Februar 1945 soll Schätzungen zufolge zwischen 135 000 und 250 000 Todesopfer gefordert haben und war die Quittung für die Bombardierungen von Guernica, Madrid, Warschau, Rotterdam, London, Coventry (dessen Zerstörung Göring zu dem Wort »coventrysieren« inspirierte, was so viel bedeutete wie »eine Stadt zerstören«) und anderen Städten. Die Alliierten beglichen so die Rechnungen, die sie noch mit den Nazis offen hatten.

Ich habe mir überlegt, ob wir nicht zu Killern hätten werden müssen. Für jeden Toten ein Toter, für jedes getötete Kind ein getötetes Kind, für jeden Gefolterten ein Gefolterter, für jede Verzweiflung eine Verzweiflung. Der Preis, den man bezahlen muss, um, vielleicht, traumlos schlafen zu können.

Doch hätten wir das getan, hätten wir der SS zum Sieg verholfen. Wir wären wie sie geworden. Diese tollwütigen Hunde haben uns mit ihrer Tollwut angesteckt, und mehr als fünfzig Jahre später steigt, wenn ich Bilder von Kindern aus den Lagern sehe oder wenn ein Film mich mit gewissen Blicken konfrontiert, wieder diese kalte Wut in mir hoch, die mich innerlich in ein tollwütiges Tier verwandelt.

Anweisung des Blockältesten von Block 19. Ein rotes Dreieck, aus Wien. Der Befehl, »nach Hause« zu gehen.

»Geht und ruht euch aus, ich werde euch Bescheid sagen, wenn das Licht wieder angeschaltet wird.«

Er ist Kommunist, also ein Feind des Reichs, aber was er sagt, verblüfft mich: »Geht und ruht euch aus …« Das erinnert mich an die Ironie der ganz wenigen französischen Deportierten der ersten Stunde, die die fabrikmäßigen Gemetzel der Jahre 42, 43 überlebt haben, und ihren Satz, der mich so auf die Palme gebracht hat, als ich ihn zum ersten Mal hörte:

»Auschwitz ist ein echtes Sanatorium geworden.«

Es fehlen nur noch die Liegestühle, und wir befänden uns wirklich im Sanatorium … »Geht und ruht euch aus!«

Stimulus, Respons. Befehl, Gehorsam. Sofortige Reaktion der konditionierten blauen Puppen. Wir gehen und legen uns angekleidet ins Bett.

In der Nacht wache ich auf. Das Licht ist wieder an. Durch das Fenster sehe ich die Männer von Block 18, die sich in Bewegung setzen. Ich schüttele Henri.

»He, aufstehen! Es geht los.«

Er öffnet ein Auge.

»Lass mich in Ruhe! Wir werden aufbrechen, wenn man uns dazu auffordert. Schlaf!«

Zwei junge Belgier winken mir zu und schließen sich denen an, die abmarschieren. Ich schlafe wieder ein.

*

19. Januar 1945.

Ich springe aus dem Bett. Abgesehen von den beiden Belgiern ist keiner gegangen. Schiss? Der Gehorsamkeitsreflex in Erwartung eines Befehls? Auch ich habe Angst, aber aus entgegengesetzten Gründen, und sie verursacht mir Bauchgrimmen. Ich wollte auf keinen Fall im Lager bleiben, und jetzt bin ich hier, gegen meinen Willen und wider jede Vernunft. Was meine blanke Panik übrigens noch steigert, ist, dass das Lager menschenleer ist ... Es scheint mir undenkbar, dass dies so bleibt.

Ja, Auschwitz ist am Morgen des 19. Januar nur noch ein verschneiter Erg aus leeren Straßen. Ich verlasse den Block mit meinen beiden Gefährten und stehe da wie angewurzelt, sprachlos.

Es ist unglaublich! Nicht zu fassen! Die Szenerie ist dieselbe. Die lange Mauer der Küche, die Reihen der achtundzwanzig Blocks und ihre schmutzigen Backsteine, die Wachtürme. Aber es gibt keine SS-Männer mehr, keine

Wachposten auf den Holztürmen, keine Maschinengewehre, die auf jede Straße gerichtet sind, keine Posten am Tor, keine Gefangenen in dem Käfig am Stacheldraht, die darauf warten, für die endgültige Entlassung in Block 11 verlegt zu werden. Wir tragen noch immer Häftlingskleidung, der Schnee ist seit dem Vortag geschmolzen; aber Auschwitz ist eine weiße Sahara geworden, nur noch von ein paar blauen Gestalten bevölkert.

Erneut kommt mir *Das Lied der Moorsoldaten* in den Sinn:

Hier in dieser öden Heide
Ist das Lager aufgebaut,
Wo wir fern von jeder Freude,
Hinter Stacheldraht verstaut.

Wir sitzen immer noch hinter unserer Mauer fest, und alles ist da: der unter Hochspannung stehende Stacheldrahtverhau, nach wie vor unüberwindlich, dann die Ödnis. Und die Gitterstäbe unseres Käfigs … Sie sind unsichtbar, aber wehe denen, die versuchen, das Lager zu verlassen.

Eingehende Erkundigungen ergeben, dass im Stammlager nur noch Invaliden zurückgeblieben sind, die in den Krankenhausblocks ans Bett gefesselt sind, sowie eine kleine Gruppe Lagerveteranen, die trotz der Gefahren beschlossen haben, ihr Glück zu versuchen und sich in den verlassenen Blocks zu verstecken.

Einer der Alteingesessenen, ein Politischer, erklärt mir: »Seit fünf Jahren bin ich eingesperrt und von einem Lager ins andere geschleppt worden. Diesmal erwischt es mich oder ich komme mit dem Leben davon.«

Ich bin nicht seiner Meinung. Man muss von hier weg. Die Mörder werden zurückkommen und alles auslöschen. Davon bin ich zutiefst überzeugt. Wo es keine Beweise mehr gibt, gibt es schließlich auch keinen Schuldigen.

Nur in Block 19 ist die Belegschaft noch beinahe vollzählig. Warum? Ein Rätsel! Später erfuhr ich, der Blockälteste hätte den SS-Leuten versichert, dass die Kranken nicht in der Lage wären zu marschieren. Wahrheit? Lüge?

Und hier also drei stumme Sträflinge, drei magere Katzen, mit wachsamem Blick und gespitzten Ohren, die durch das menschenleere Auschwitz streifen.

Bedingter Reflex eines jeden Individuums, das die unterste Stufe der Armut erreicht hat: alles an sich nehmen, alles, von einer Kippe bis zum nutzlosesten Gegenstand. Meine Reflexe sind noch recht gut, und zusammen mit einem Kameraden mache ich den Bruch des Jahrhunderts: die Zigaretten der Kantine. Und es gelingt, noch bevor die anderen auf die Idee gekommen sind.

Nur nebenbei bemerkt: Das Lager ist eine lächerliche Kopie der Welt draußen. Das aberwitzige und todbringende Negativ einer normalen Stadt. Auschwitz besitzt daher sein Gefängnis, seine Küchen, sein Krankenhaus, seine Feuerwehrleute – Deportierte auch sie –, eine Kantine für die Drückeberger, eine Poststelle, wo die Pakete ankommen, und sogar, hinter Block 10, ein Schwimmbad.

Es ist eine autonome Stadt, in der nur geringfügig andere Gesetze herrschen als draußen, das ist alles. Der industrielle Tod ist hier noch vorindustriell. Man stirbt nur durch Hängen, Vergewaltigung, Erschießen, Folter, Schläge, Erwürgen und daneben selbstverständlich eines natürlichen Todes. Etwas, das durchaus möglich ist, selbst in Auschwitz, denn der Tod hat auch etwas Lächerliches. Die Todesfabrik ist in Birkenau, eine Tür weiter.

Ich sagte schon, dass die Zigarette die übliche Währung in Auschwitz war; getauscht wurde stets gegen Tabak.

Einschub: Der Tabak im Lager.

Eines Abends Sammeln im Block. Immer die gleiche Angst, wenn das deutsche Kommando ertönte: »Antreten!« Das bedeutete Selektion oder Verschickung in einem Transport oder auch harten Arbeitsdienst, von dem man selten unversehrt zurückkam.

Der Schreiber des Blocks hat jedem Häftling eine Tabakkarte ausgehändigt. Aber um sie in der Kantine benutzen zu können, braucht man eine Marke.

Das ist das jahrhundertealte Gänsespiel, mit seinen diversen Klippen und Ereignisfeldern, wie es die Nazis spielen. Man würfelt, die Würfel rollen, und man ist genauso weit wie zuvor. Ich habe nichts, die anderen auch nicht. Am Ende des Spiels besitze ich nach wie vor nur das Nichts, keine Überraschung. Die Karte nützt einem nur dann etwas, wenn man eine Marke hat. Das ist ein Stück Pappe, das der Kapo am Wochenende verteilt. Das System der Belohnung, aber verbessert.

Es kommt vor, dass der Kapo seinem gegenwärtigen oder künftigen Pipel eine Freude machen will und ihm auf einmal zwanzig oder fünfzig Marken schenkt. Wenn sich außerdem noch die Drückeberger bedient haben … man kann sich denken, was dann noch für die einfachen Leichen übrig bleibt.

Darüber hinaus wird der Tabak den internierten Juden nur von Zeit zu Zeit zugestanden, zufällig, beiläufig. Ich persönlich habe nur einmal welchen bekommen. Wenn also das Schicksal einem Häftling eine Marke beschert, dann hat er Anrecht auf eine Ration Zigaretten. Ohne Marke bleibt ihm nur, zu einem Grünen, einem Roten oder einem Schwarzen zu gehen, der ihm ein Stück Pappe gibt und mit dem Besitzer der Karte fifty-fifty macht, sofern der andere sie nicht klaut, um die gesamte Ration einzustreichen.

Abgesehen davon die Jagd nach der Kippe. Eine lebenswichtige Jagd: Ich habe zahlreiche starke Raucher gesehen, die ihr Leben (ihre Brotration) gegen Zigaretten eingetauscht haben. Das ist gar nicht so absurd. Wenn man schon Gefahr läuft zu sterben, kann man sich ebenso gut auch die Todesart aussuchen.

Also, persönliche Karte, Marke, die einem von einem »Teilhaber« zur Verfügung gestellt wird, und, »danke schön!«, welches Glück! Man kann rauchen!

Wenn der einfache Deportierte am Ende des Tages von der Arbeit zurückkehrt, völlig entkräftet, bar jeglichen psychischen Widerstands, angeekelt von der Menschheit für den Rest seiner Tage, von Abscheu gegen seinen Nächsten wie auch gegen sich selbst erfüllt, dann verschlingt er sein Viertelpfund Brot mit Margarine ODER einer Scheibe Wurst und spurtet zum KB, um einen kranken Kameraden zu besuchen. Man muss sich beeilen, denn das Leben ist kurz, sehr kurz im Krankenbau. Rückkehr in den Block. Es ist Herbst. Der Abend ist lang, und man kommt auf trübe Gedanken. Das ist der Moment der Leere, der absolute Nullpunkt, der Moment, in dem die Welt sich verdunkelt, in dem die Zukunft verschwindet. Fragen … Fragen … Fragen!

Familie? Tot! Freunde? Verschwunden! Wird das noch lange dauern? Wie viele Tage werde ich noch durchhalten? Wozu noch weitermachen? Wozu noch kämpfen? Und dann kommt ein Kamerad mit einer handgedrehten Zigarette, gestopft mit bunt zusammengewürfeltem Tabak aus allerlei Kippen[39]. Er setzt sich neben ihn. Ein anderer Bursche aus seinem Transport oder aus seinem Land kommt. Sie tauschen Informationen aus, plaudern, diskutieren. Die zusammengeschusterte Zigarette geht von Hand zu Hand. Jeder macht einen Zug, erzählt, inhaliert, hofft, träumt, reicht den Tabak an seinen Nachbarn weiter. Alle drei leben im selben Rhythmus, dem Rhythmus des solidarischen Lebens, manchmal wechseln sie nicht einmal ein Wort, rauchen einfach nur. In einer Sekunde, in einer Minute wird die nächste Runde eingeläutet, wird jeder wieder für sich sein, allein in seinem Leid, allein mit seinem Hunger, allein mit seiner Krankheit, allein mit seiner Angst oder seinem Wahnsinn. Aber während dieser fünf Minuten, der Zeit einer mit im Krankenbau geklautem Papier (Verbandspapier) gerollten Zigarette, weht das Leben durch den Raum und zerstört die finstere Welt der SS.

Und jetzt sind wir, Armand, Henri und ich, plötzlich stolze Besitzer einer unglaublichen Menge Zigaretten.

39 Die Jagd nach Kippen war eine der wichtigsten Aktivitäten der Häftlinge in den seltenen Momenten, in denen der Druck nachließ.

Rückkehr in den Block. Einer von uns bewacht die unter der Matratze versteckte Beute. Die beiden anderen laufen zur Küche. Dort sind alle Gesunden des Lagers. Das große Fressen beginnt.

Detail: Ein Bursche, der vor einem Sack Puderzucker sitzt, betrachtet den weißen Strahl, der in seinem Napf landet. Er hat die Jute der Verpackung unten statt oben angebohrt und beobachtet fröhlich lachend, wie die Kristalle herausquellen und sich auf den schwarzen Boden ergießen.

Ein anderer Sträfling setzt sich neben ihn, und der Besitzer des Sacks erteilt ihm eine böse Abfuhr, obwohl der Zuckervorrat gewaltig ist.

Ich lasse eine riesige Dose Sauerkraut mitgehen und verstecke sie unter meiner Matratze, am Kopfende, wo sie eine gewaltige Beule bildet. Sie wird mich bis zur Befreiung begleiten. An dem Tag lasse ich Undankbarer sie zurück.

Ich habe auch eine Flasche Cognac aufgestöbert, und voller Freude entziffere ich die französischen Worte, die das Etikett zieren.

Ich gieße mir einen vollen Becher ein. Ich habe in meinem »zivilen« Leben vor meiner Verhaftung nur sehr selten Alkohol angerührt. Im Lager ist das für mich nie in Frage gekommen. Ich genieße meinen Göttertrank. Von Schwindel erfasst, lege ich mich hin. Aber es geht nicht vorbei. Ich verspüre den Drang, mich zu erbrechen, und ich erbreche mich. Und der unschuldige Bewohner der Pritsche unter mir steckt im falschen Moment den Kopf heraus.

K., der Arzt, verpasst mir eine Ohrfeige. Die letzte, die ich während der Deportation erhalte.

Es geht mir besser. Besichtigungsrundgang durch Auschwitz. Flüchtige Besichtigung. Niemand betritt den Block 11. Sein Ruf ist so schlimm, dass man ihn lieber ignoriert.

In Wirklichkeit entdecke ich nichts Besonderes, denn ich suche nur eines, Nahrung. Etwas anderes interessiert mich nicht. Die Vorräte in der Küche sind gigantisch. Man braucht sich nur zu bedienen.

In den Straßen nur wenige Menschen. Die meisten von denen, die geblieben sind, sind Sterbenskranke, die an ihre Bettstelle gefesselt sind.

Es ist immer noch Auschwitz, aber ein unglaubliches, unwirkliches Auschwitz. In einer »normalen« Nacht war das Lager leer. Nur die Männer, die die Aufgabe hatten, das Lager in Ordnung zu halten, die SS-Männer oder das Stammpersonal wie die Blockältesten waren unterwegs, bevor unmittelbar vor dem Appell die Menge der von der Arbeit Zurückkehrenden in die Straßen strömte.

Man bewegt sich vorsichtig, immer mit diesem Gefühl der Irrealität, das von den Veränderungen in der alltäglichen Umgebung herrührt: kein wütender Blockältester mehr, keine mordlustigen grünen Kapos mehr, deren Arroganz zeigt, dass sie es im Leben endlich zu etwas gebracht haben … in Auschwitz. Dass das hierarchisch durchorganisierte System aus Schwarzen verschwunden ist, erfüllt uns mit außerordentlicher Erleichterung. Aber auch mit Schrecken. Es ist unmöglich, dass dies so bleibt. Himmler wird seine fabelhafte Todesmaschinerie schließlich nicht den Russen überlassen. In der Zwischenzeit essen wir, schlingen wir, fressen wir. Beim Essen, behauptet ein spanisches Sprichwort, macht alles, was einen nicht umbringt, dick.

Im Augenblick sehe ich niemanden, der zunimmt, sondern nur Kameraden, die kurz vorm Sterben sind, weil sie sich den Magen verrenkt haben.

Hinter dem Haus der Toten funkelt das Schwimmbad. Das Wasser ist gefroren. Ich habe nur ein einziges Mal, im September, jemanden darin schwimmen sehen, einen Kapo. Die übrige Zeit blieb das Becken leer, und die Frage, wer hineinspringen darf, hat sich einem einfachen Deportierten nie gestellt.

Ich begegne ausgelassenen Gefangenen, die Arme voll mit Konserven aus den Küchen, diesen Höhlen des Ali Baba. Das Geräusch von Flugzeugen. Die Front ist ganz nah. Niemand sieht auf. Wen interessiert schon der Krieg, wenn der Hunger solche Formen angenommen hat. Jeder Gesunde, jede menschliche Gestalt, die noch in der Lage ist, sich zu bewegen, verwandelt sich in einen Plünderer.

Und immer wieder Gerüchte, fantastische Geschichten, die man nicht überprüfen kann. Gestern, erst gestern noch waren wir vollkommen unmündig, unterjocht, unterdrückt, Marionetten, bewegt von den Händen und dem Willen der SS-Männer und ihrer Komplizen. Heute bewegen wir uns frei, ohne irgendjemandem auch nur die geringste Rechenschaft schuldig zu sein. Aber es gibt zahllose Kranke, die sich nicht bewegen können, und die Ärzte beschließen, die Sache in die Hand zu nehmen, um wenigstens zu versuchen, diejenigen mit Essen zu versorgen, die nicht mehr selbst dazu in der Lage sind. Abwechselnd, in Mannschaften, organisieren Ärzte und Krankenwärter, mit Schaufelstielen bewaffnet, einen Wachdienst vor der Küche. Ganz schön naiv! Sie können die Plünderung und die Verschwendung nicht verhindern. Und unbewusst wiederholen sie, ohne es zu wollen, die Gesten derer, die uns unterdrückt haben. Immerhin schlagen sie niemanden. Dennoch nimmt die Abschreckung bisweilen perverse Formen an.

Wir können uns frei bewegen in unserem Gefängnis. Wir sind Fliegen, die frei fliegen können, aber dennoch gefangen in einem Glaskäfig. Unmöglich hinauszugehen, das Lager zu verlassen.

Der Beweis? Bewegung, Unruhe.

Eine Gruppe von Pyjamas kommt durch das plötzlich offene Tor herein. Die feldgraue Eskorte lässt sie ins Lager gehen und entfernt sich. Es sind Männer, die aus Buna-Monowitz kommen, der Straflagerfabrik im Osten, an der Straße nach Krakau. Außerstande, auch nur einen Kilometer weiterzulaufen, hatten sie, als sie am Stammlager vorbeikamen, »das Glück«, erneut gefangen genommen anstatt getötet zu werden. Galgenfrist …

Die Ärzte verteilen sie auf die Krankenblocks. Die Durchfallstation erbt drei Gefangene, von denen einer gegenüber der Reihe von Bettgestellen untergebracht wird, in der ich mit meinen beiden Komplizen liege. Es ist ein Ungar, der an einem Holzstab lutscht.

»Habt ihr zufällig eine Zigarette, Kinder?«

Wir reichen ihm eine. Überglücklich sieht er uns an.

Am Abend des 19. Januar ist Auschwitz eine Insel des Friedens, umschlossen von einem Ozean kämpfender Soldaten.

Völlige Dunkelheit. Der Strom ist abgestellt. Wer war das? Die Nacht verstärkt die Angst, man kann keinen klaren Gedanken mehr fassen.

Zum ersten Mal bleiben die Scheinwerfer außerhalb des Luftalarms dunkel. Kein SS-Mann in Sicht.

Und, ein Wunder, kein Appell. Ein unschuldiges Wort, Appell, aber von einer Unschuld, die zum Handwerkszeug des Todes gehörte … vor allem im Winter. Auch der Appell tötete, wenn er eine ganze Nacht dauerte und wenn ganze Reihen von Männern auf einmal umkippten, tot, im Stehen erfroren …

… Tausende von Männern, ausgerichtet in Karrees, Block für Block.

Riesige blauweiße Dominosteine, die wie die *Horse Guards* exerzieren, die dem englischen Hof die militärischen Ehren erweisen. Aber Auschwitz ist nicht der Buckingham Palace. Hier handelt es sich um eine Parade von Gespenstern, verkleidet als Soldaten in einer tragischen Operette. Keine Prinzen auf einem Balkon, sondern nur, an den Fenstern, die Häftlinge mit »Blockschonung«, die so krank sind, dass sie von der Arbeit befreit sind, aber nicht krank genug, um in den Krankenbau eingewiesen zu werden. Der Rapportführer muss ihre Köpfe hinter den Fensterscheiben sehen und sie mühelos zählen können.

In Polen herrscht Winter. Diese Jahreszeit, in der es schneit, friert, erneut schneit, wieder friert, in der die Tiere sich verkriechen, um nicht zu krepieren, in der die Haut aufplatzt, das Blut in den Adern erstarrt. Die Kälte … Das Holz bekommt Risse, die Steine zerspringen, die Luft wird fühlbar. Man kann es endlich berühren, dieses gewöhnlich so kühle Lüftchen … Winter in Polen …

Kaduk, der Rapportführer, der für den Appell zuständig ist, brüllt seine Kommandos.

»Häftlinge … Stillgestanden!«

Die Stimme dehnt sich, zugleich lang und klar. Sie sammelt die Buchstaben, schiebt die Silben, reiht sie aneinander: »Häftlinnnge« … und das kurze Kommando donnert hinterher; es klingt wie ein einzelner Ton, der niedersaust und die kalte Luft zerschneidet, »Stillgestanden!«

Fünfundzwanzigtausend Männer schlagen auf die Zehntelsekunde genau die Hacken zusammen. Vierundzwanzigtausendfünfhundert Skelette und fünfhundert Wohlgenährte strecken die Brust heraus.

Die Kälte zwickt, kratzt, reißt das Leben heraus, dringt in die Nasenlöcher ein, beißt eine Kehle, gibt einer Lunge den Rest, frisst sich durch ihre Hohlräume. Der Frost durchbohrt, zerfetzt, tötet. Ein Körper stürzt hin, ein zweiter, ein dritter, dann noch einer. Die Leichen werden aus den Reihen gezogen und gegenüber dem Block auf den Boden gelegt, an der Stirnseite der Truppen. Soldat 28 340? Gefallen auf dem Feld des Grauens! Nummer B 8715? Gestorben am Wahnsinn. In der Hölle kommen die Verdammten nicht durch das Feuer um, sondern durch den Frost. Noch vor dem Krematorium.

Kurzes Durcheinander. Das Karree schließt sich wieder. Und es beginnt von vorn, einmal, zwanzig-, fünfzigmal.

»Häftlinnnge!« …

Es klingt wie ein Echo, das von den Felswänden aus blauweißem Fleisch zurückgeworfen wird. Die Stirnen glänzen, die Augen brennen, die Kälte greift mit aufgepflanztem Bajonett an.

»Stillgestanden!«

Ein einzelner Absatz, der nicht ganz gleichzeitig mit den

anderen knallt, klingt wie eine Detonation. Noch einmal, im Takt! Es beginnt von vorn. Ein Pyjama bricht zusammen, reißt seinen Nachbarn mit. Die Ohren, die Lippen erfrieren. Der Winter in Polen ist kalt. Die Stunden vergehen, die Körper fallen um. Der SS-Hauptfeldwebel nimmt, im Wechsel mit einem Kollegen, seinen tragischen Muezzinruf wieder auf:

»Häftlinnnge!« ...

Endlich geschafft! Die Körper der Lebenden stehen stramm, die der Toten sind steif. Die schnurgerade ausgerichteten menschlichen Vierecke weisen tadellose Kanten auf. Die Finger liegen an der Hosennaht, die Hacken sind zusammen, die Münder geschlossen.

Zweiter Satz. *Allegro vivace!*

»Mützen ... ab!«

Fünfundzwanzigtausend Arme, abzüglich der der Toten, lösen sich vom Körper, fliegen zur Mütze, ergreifen sie, ziehen sie vom Kopf runter, und fünfundzwanzigtausend Mützen klatschen unisono gegen den rechten Oberschenkel. In Block 8, dem Quarantäneblock, hat sich ein neuer Insasse um eine Sekunde verspätet. Es geht von vorn los.

»Mützen ... auf!«

»Mützen ... ab!«

Oh Wunder. Diesmal hat es geklappt. Jeder Blockälteste meldet seine Häftlingsstärke.

»Block dreizehn, dreizehn a, vierhundertundachtzig Häftlinge!«

Der SS-Blockführer geht vorbei, zählt, hakt seine Liste ab.

»Stimmt!«

Eine Litanei von Meldungen und Antworten.

»Block sechs … stimmt!«
»Block zwei … stimmt!«
»Block …«

Diesmal stimmt es nicht. Ein Mann fehlt. Erneutes Abzählen. Es stimmt wieder nicht. Noch mal von vorn. Wieder fehlt einer. Die Blockältesten lassen ein Donnerwetter los, sie sind außer sich. Die Kapos, die Schreiber, die Vorarbeiter … die ganze kleine Hierarchie, die um ihre winzigen Privilegien und ihre armseligen Pfründe zittert, tobt.

Die Hölle öffnet ihren Schlund und spuckt. Die kleinen Teufelchen, dekoriert mit Armbinden, toben und wüten. Ein Toter in Block 13, ein gespaltener Schädel in Block 6. Das Meer aus Körpern schlägt heftige Wogen, das Blut rinnt aus gebrochenen Nasen, erstarrt in der Kälte, legt glänzende rubinrote Bänder über die Lippen. Das Grauen erreicht Stärke zehn, die Angst entfaltet ihren schwarzen Schal, der einhüllt, würgt, erstickt.

»Ruhe! Ruhe!«

Es kehrt wieder Stille ein. Auf dem Appellplatz ertönt erneut die STIMME.

»Häftlinge … Stillgestanden!«

»Mützen … ab!«

Eines Abends fehlte in Block 6 (ich war dabei) ein Mann beim Appell. Abzählen, Abhaken, Überprüfung, Schläge und Verletzungen. Es hilft alles nichts, ein Gefangener ist verschwunden.

Ausbruchsirene. Und der Appell dehnt sich zur Ewigkeit …

Ein junger Bursche war so erschöpft von der Arbeit zurückgekommen, dass er auf der oberen Pritsche des Bettgestells eingeschlafen und daher für uns alle unsichtbar war. Er hatte seine Kameraden gebeten, ihn zum Appell zu wecken. Und alle hatten es vergessen.

Zwischen dem Augenblick, da ein Kapo ihn wieder fand, und seinem Eintreffen vor den vor dem Block versammelten Häftlingen, war er auf einer Strecke von etwa zwanzig Metern zwischen zwei Reihen von Totschlägern gestorben. Er war beim Appell anwesend. Auf dem Boden liegend, schien er zu schlafen.

»Block sechs, sechs a, stimmt!«

Auschwitz fällt in dem schneeigen Dämmerlicht in einen unruhigen Schlaf. Es ist unmöglich, dass das Lager im Europa des Januar 45 eine geschützte Insel inmitten des Wirbelsturms bleibt, der da heranbrandet. Die Rote Armee stürmt zum letzten Angriff, Deutschland ist in einer verzweifelten Lage. Es wäre nicht normal, wenn wir nicht die Opfer des Jägerrechts würden. Sich im Auge eines Wirbelsturms zu befinden, ist eine Realität, aber die Wirbelstürme bewegen sich, und das Auge …

Auschwitz schläft, ein verängstigtes und ruhiges Auschwitz. Um uns herum tost der Krieg. Wir sind Bürger eines neuen Landes, des *No Man's Land*. Auschwitz verdient endlich seinen Namen: Land ohne Menschen.

*

20. bis 24. Januar.

Keine Nachrichten aus Birkenau. Was ist dort geschehen? Manche sprechen von Hinrichtungen. Aber wo haben sie ihre Informationen her?

Ein paar Männer beschließen, das Abenteuer zu wagen

und zu versuchen herauszufinden, was jenseits des Todes geschieht. Sie verlassen das Lager.

Wir haben sie nicht wieder gesehen. Man muss dazusagen, dass die ganze deutsche Armee auf dem Rückzug ist, Richtung Deutschland (»… wenn wir heimmarschieren …«, heißt es in einem Wehrmachtslied; nicht alle werden es schaffen …), und dass es für einen Mann mit geschorenem Schädel und einer Tätowierung auf dem Arm schwierig ist, sich als bloßer Zuschauer auszugeben. Wenn sie geschnappt werden, werden sie auf der Stelle getötet.

Die Übernahme des Lagers durch die Ärzte erweist sich als effizient. Eine richtige Suppe wird an alle verteilt, etwas, das satt macht, nicht die wässrige Kohlsuppe, die jeden Tag auf dem Speiseplan stand und für die die ganz Schlauen sich ans Ende der Warteschlange stellten, um als Letzte dranzukommen. Manchmal fand man dann Kartoffeln und eine Andeutung von Fleisch, da die Flüssigkeit zuerst ausging.

Für manche geht die Fressorgie weiter. So wird beispielsweise ein unglaublicher Schmaus organisiert, unter anderem mit dem Inhalt eines Pakets aus der Häftlingspaketstelle, wo die für die Politischen bestimmten Pakete lagern, die aus Gründen, die ich nicht kenne, nicht verteilt worden sind. Ein wildes Gelage mit Ölsardinen, Ovomaltine und Käse aus einer Metalldose. Aber natürlich vergesse ich nicht, mir meine Suppenration zu holen. Kein Wunder, dass die Ruhr zurückkehrt und mich erneut mit Koliken quält. Ich bin nicht der Einzige, und es gibt die ersten Toten, die an Verdauungsproblemen gestorben sind. Der Gipfel der Absurdität: im Land des Hungers sterben, weil man sich den Magen verdorben hat. Aber in diesen Tagen ist alles absurd, denn nach Monaten des Hungers überfrisst man sich nicht ungestraft.

Neuerlicher Versuch, Verbindung mit Birkenau aufzunehmen. Diesmal erfolgreich. Sie kommen mit Neuigkeiten zurück: »Es sollen noch ungefähr tausend Personen in den Baracken leben, darunter auch Frauen.«

Nacht. Wir zünden Kerzen an, um Licht zu haben.

Katastrophale Neuigkeit: Es gibt kein Wasser mehr in Auschwitz. Kein Tropfen kommt aus den Wasserhähnen. Warum? Niemand weiß es, aber es ist eine Tatsache, die die Anspannung noch verschärft.

Kein Wasser mehr zu haben, bedeutet für die allermeisten, dass keine Körperpflege mehr möglich ist, dass es Probleme bei der Versorgung der Kranken gibt und dass sich Krankheiten ausbreiten werden, ganz zu schweigen von der Küche. Und das ist noch eine optimistische Sichtweise, denn ich bin überzeugt, dass es gar nicht so weit kommen wird. Die SS-Männer werden unweigerlich zurückkommen, und dann hat das Wasserproblem keine Bedeutung mehr. Endgültig.

Das Eis im Schwimmbad bewahrt uns vor dem Schlimmsten. Wir hacken Stücke heraus. Geschmolzen und abgekocht, ergibt es eine annehmbare Flüssigkeit.

Es wird Tag, ein grauer Tag. In doppelter Hinsicht, denn der Himmel hat auf Halbmast geflaggt, und Doktor Pollack kommt ums Leben.

Ein Schrei: »Die Deutschen!«

Ein Trupp in Feldgrau kommt durchs Tor und geht in Richtung Küche. Wehrmachtsoldaten. Helm auf dem Kopf,

Gewehr in der Hand, die Gesichter von der Erschöpfung gezeichnet, zerlumpt, suchen die Herrenmenschen wie alle anderen nach Nahrung.

Ein Angehöriger der unteren Dienstgrade führt, Pistole in der Hand, die Gruppe an. Sie stehen vor den Ärzten. Einer von ihnen hebt seinen Schaufelstiel. Ein schlechter Reflex. Ein sehr schlechter. Der Offizier schießt. Pollack, der alte Wiener Arzt, bricht zusammen. Tot.

Die anderen werfen ihre nutzlosen Holzstangen fort und heben die Hände. Die Soldaten raffen zusammen, was sie können, und verschwinden wieder. Der Krieg findet woanders statt. Von den Russen? Nichts Neues.

Block 19. Innen. Nacht. Kerzenlicht. Eine nie da gewesene Inszenierung.

Die Kranken in ihren Betten. An den Wänden die riesigen Schatten der Anwesenden, dazwischen, Schattenbilder zwischen Schattenbildern, die Gespenster mit ihren tobenden Eingeweiden, die in regelmäßigen Abständen aufstehen, um zu den Toiletten zu rennen. Und ein fantastischer Duft erfüllt den Saal, überlagert den Geruch von ungewaschenen Männern, Elend und Scheiße.

Niemand weiß, wer die Versuchskaninchen aufgestöbert hat. Nicht die Menschen, die Mengele für die Vivisektion ausgeliefert wurden, nein, diesmal sind es Tiere, Kaninchen, echte. Keiner kann sagen, ob die Tiere gesund sind oder ob sie ein Zipperlein wie Typhus, Pest oder Cholera in sich tragen. Nicht weiter wichtig! In Auschwitz an der Pest zu sterben ist zumindest originell. Was zählt, ist dieser Geruch, der alles erfüllt und mich an den Weihnachtsabend erinnert.

Hinten im Saal sitzt der medizinische Stab, abzüglich Pollack, beim Essen. Ohne »Grüne«, sie sind unter Zivilisierten. Als sie fertig sind, gehöre ich zu der Gruppe, die sich auf die Reste stürzt und sorgfältig die zierlichen Knöchelchen ableckt.

Exquisites Souper bei Kerzenschein in Block 19 in Auschwitz.

In der Nacht wache ich durch ein unerwartetes Geräusch auf: das Kratzen von Metall auf Metall. Es ist Stéphane, der in der Dunkelheit aufsteht und mit seinem Löffel seine Konservendosen auskratzt.

Stéphane war einer meiner »Studiengenossen« in Zelle 34 in unserem Gefängnis in Grenoble. Vor dem Krieg war er ein bekannter Journalist. Im Gefängnis war seine fixe Idee nicht der Hunger, sondern der Frauenmangel. Er verbrachte die Zeit damit, sich zusammen mit einem anderen Häftling, einem Antiquar, an die Zeit des »Sphinx«, des weltberühmten Bordells am Boulevard Edgar-Quinet in Montparnasse, zu erinnern.

Dank der Unterhaltungen dieser beiden Männer erwarb ich mir detaillierte theoretische Kenntnisse in Sachen Liebe. Sie sprachen mit einer solchen Sehnsucht davon, dass dem Trödler die Tränen in die Augen stiegen, während meine geradewegs aus ihren Höhlen traten angesichts der unerhörten Dinge, die sie erzählten.

Hier, im Lager, galt Stéphanes Sorge nicht mehr dem Sex, sondern dem Futtern. Bis zur Befreiung holte er jede Nacht eine lange Reihe von leeren Konservendosen unter seinem Bett hervor und kratzte ihre Wände auf der relativ aussichtslosen Suche nach einer Bohne ab, die vielleicht noch am Metall kleben könnte.

Die Zahl der Kranken nimmt zu. Die Völlerei, die Fressorgien haben verheerende Auswirkungen. Wir sind erneut krank.

Im Bett gegenüber raucht der Ungar aus Buna genüsslich die Zigaretten, die wir ihm regelmäßig geben.

Er erkundigt sich nach unserem Gesundheitszustand und fragt, warum wir uns nicht wie er ganz langsam wieder an eine gehaltvollere Nahrung gewöhnen.

»Seht ihr, Kinder, ich halte mich zurück. Und ich habe das …«

Und er zeigt uns eine kleine Schachtel, die er öffnet. Sie enthält … Tannalbin! Unser Wundermittel!

Henri bittet ihn um eine Tablette. Der andere weigert sich.

»Du bist doch nicht krank!«

»Nein, aber ich könnte krank werden.«

Henris Drängen nützt nichts. Er denkt gar nicht daran, uns eine Tablette zu schenken.

Als er uns um eine Zigarette bittet, handelt er sich daher seinerseits ein kategorisches »Nein« ein.

Nun beginnt eine Pantomime zwischen ihm und uns. Wir sitzen auf dem Bettrand und baumeln mit den Beinen, während wir paffen, alle drei in graue Rauchkringel gehüllt.

Unser Gegenüber lutscht an seinem Holzstück.

Nach jeder Kippe, die wir auf die Erde zu unseren Füßen geworfen haben, erhebt sich unser Zimmergenosse, lässt sich zu Boden gleiten und hebt den Zigarettenstummel auf. Für ihn ist es eine Qual, jedes Mal hinuntersteigen zu müssen. Aber was für ein Blick, wenn er wieder hochklettert und die Kippe zwischen den Fingern hält …

Zwischendrin rennt er überstürzt zum Klo, dann geht die Raucherei weiter. Und immer das gleiche Szenario. Zigarette. Rauch. Kippe zu unseren Füßen. Und er, der sich mächtig anstrengt, um vom Bettgestell hinunterzusteigen und wieder hinaufzuklettern. Der Mann leidet unter Ödemen, und seine Beine sind extrem geschwollen.

Das Spiel dauert ziemlich lange, bevor er uns seine Tablettenschachtel gegen zehn Zigaretten überlässt. Er behält nicht einmal eine Tablette für sich.

Die Hausapotheke unseres Ungarn wird gerecht in drei Teile geteilt. Wir schlucken alles auf einmal.

Ich habe keine Ahnung, ob es am Tannalbin liegt oder an unserer Konstitution, aber wir werden wieder gesund und entscheiden uns für eine etwas vernünftigere Ernährungsweise.

All das kam uns damals ganz natürlich vor. Jeder für sich und Gott für alle! Das Dumme ist nur, dass Er, als Er erkannt hat, was die Menschen machten, die Er nach seinem Bild geschaffen hatte, solchen Schiss bekommen hat, dass Er geflohen ist und immer noch rennt.

Im Lager war alles ganz einfach. Gläubig? Dann blieb einem nur der Selbstmord … Atheist? Man musste unbedingt zum Glauben finden oder wenigstens an sich selbst glauben, nicht um zu leben, sondern um zu überdauern. Diejenigen, die das Dilemma nicht gelöst haben, starben zuerst.

*

25. Januar.

Aufwachen. Es herrscht erneut sonniges Wetter.

Diesmal kümmere ich mich um meine Kleidung. Das ganze Depot steht mir zur Verfügung. Ich suche aus, sichte, nehme, was mir gefällt, und ziehe endlich meine verfluchte Häftlingsuniform aus. An jenem Tag habe ich mir die bereits erwähnte Jägerjacke »geleistet«. Und auf meine Hose ist entlang der Naht ein roter Strich aufgebracht, der sich über meinen Schenkel zieht, und nur ein zehn mal zehn Zentimeter großer Einsatz aus gestreiftem Stoff lässt darauf schließen, dass es das Kleidungsstück eines Häftlings ist.

Armand und Henri machen es wie ich. Wir blicken uns an und lächeln. In unserer neuen Kluft sehen wir wieder wie Menschen aus. Gewiss … der Schein trügt … aber …

Und da wir »zivilisierte« Menschen sind, beschließen wir, meine Komplizen und ich, uns eine normale Mahlzeit zu gönnen.

Wir haben es uns in der Schreibstube von Block 1 bequem gemacht.

Bei einem vorherigen Abstecher in die Küche haben wir uns die Zutaten für unser Mittagessen besorgt. Das Menü: Wurst, Kartoffeln und Zwiebeln, in Margarine gebraten, Nudeln. Und zum ersten Mal seit Monaten haben wir eine Tischdecke. Ein zweckentfremdetes Bettlaken. Keine Essnäpfe, sondern Teller aus Steingut und unsere eigenen Löffel. Immer noch ohne Messer und Gabel, verspeisen wir einen Teil unseres Gerichts mit den Fingern.

Zigarette. Das Leben kehrt zurück. Der Ärger auch. Ein Mann kreuzt auf. Er hält eine Frau an der Hand.

Sie ist ebenfalls eine Gefangene, vermutlich aus Birkenau

entkommen. Sie ist blutjung, mager und ihren riesigen Augen nach zu urteilen, die unter den Lidern hin und her rollen, verängstigt. Ein kleines Tier, ein Knochengerippe, das nicht recht weiß, was mit ihm geschieht. Er, immer noch ein Koloss in blauweißer Häftlingskleidung, lächelt nicht, und der Hammer, mit dem er uns bedroht, ist eine unmissverständliche Botschaft.

»Verzieht euch, ich brauche die Bude.«

Abgesehen vom Krankenbau hat der verliebte Sträfling vierundzwanzig leere Blocks zu seiner Verfügung, jeden mit der gleichen Schreibstube. Aber nein! Es muss dieser Raum sein, kein anderer. Sein Blick spricht Bände. Er wird uns erschlagen. Wir räumen das Feld. Er schließt nicht einmal die Tür, als wir gehen. Und sie hat den irren Blick eines Mädchens, das vielleicht zum ersten Mal Sex haben wird, in einem Schlachthaus.

Es ist das einzige Mal zwischen dem 18. Januar und der Befreiung, dass ich eine Frau im Lager gesehen habe.

Rückkehr zum Block.

Und der Sturm bricht los.

»Antreten!«

Stimmengewirr. Verschlossene Mienen.

»Was ist los?«

»Die SS ist zurückgekehrt.«

Sie sind da.

Eine Kette aus Soldaten im Kampfanzug versperrt die Straße. Gleichmütig wie immer herrschen sie erneut über das verblüffte Lager. Die Herren über den Planeten der Toten, die Mordroboter, die Leiter des unglaublichsten Unternehmens für Massen- und Einzelmord, die Sprösslinge eines entarteten Landes, das einmal ein kulturelles Vorbild war, sind wieder da.

Ein dünnes Rinnsal von Menschen sickert aus den Blocks, die das Krankenhaus bilden. Alle Gesunden kommen heraus. Und jeder ist sofort wieder das Tier, das auf das geringste Wort, die kleinste Geste lauert, die den sofortigen Tod ankündigt.

Ein Angehöriger eines unteren Dienstgrades spricht zu uns.

»Wir werden euch evakuieren.«

Die SS-Männer benutzen immer noch die gleichen beschwichtigenden Worte, wenn es darum geht, eine große Menge von Gefangenen zu manipulieren. Eine erstaunliche Ruhe, beinahe Sanftmut. Keinerlei Andeutung von Gewalt. Keine Schläge.

Einer nach dem anderen verlassen die Kranken den KB.

Alle, die Muselmänner, die Durchfallkranken, die Todgeweihten, diejenigen, die sich beim Gehen auf einen Kameraden stützen, die Ausgezehrten, solche, die nur ein Hemd tragen, und andere, die richtig angezogen sind, ein Nackter, ein noch lebendes Skelett mit riesigen Augen in einem fleischlosen Gesicht, mit hervorstehenden Rippen, das keine Gesäßbacken mehr hat, so dass der Anus hervortritt, und bei dem fast die bloßen Oberschenkelknochen und Schienbeine zu sehen sind, all diese Gestalten treten ins Freie heraus. Das Armenhaus, das Krankenhaus von Auschwitz, spuckt seine menschlichen Wracks, seine Verwundeten, seine Bettler, seine Behinderten, seine Verzweifelten aus. Es fehlen nur diejenigen, die nicht mehr die Kraft zum Aufstehen haben. Glückspilze! Sie werden in ihrem Bett sterben!

Die Sache ist klar. Meine Vorahnungen erfüllen sich. Ich fühle mich beinahe erleichtert. Endlich ist dieser Anschein von freiem Leben vorüber, in dem wir seit einer Woche gelebt haben, wohl wissend, dass das alles nur Täuschung war. Sieben Tage der Illusion, man würde leben. Die Nazis konnten Auschwitz nicht unzerstört zurücklassen. Die einzige Frage, die sich stellt, lautet: »Werden sie das Lager nach unserer Liquidierung sprengen oder mit Flammenwerfern zerstören? Werden die Sterbenden durch Granaten oder durch Feuer umkommen?«

»Antreten! Wir werden euch evakuieren!«

Von wegen! Das ist das Ende, hier vor der endlosen Mauer der Lagerküche. Ich betrachte meine Mitopfer. Nicht einmal zehn von ihnen würden mehr als hundert Meter weit kommen.

»Blick zur Mauer! In Dreierreihen.«

In allen Lagern wurden Marschkolonnen prinzipiell in Fünferreihen gebildet. Jeder Deportierte kennt den Ausdruck »Zu fünft!« Jetzt sind wir zu dritt. Das sagt alles.

Die Menschenmenge, die durch Neuankömmlinge immer noch größer wird, bildet jetzt eine dünne Schlange, die sich in die Länge zieht, endlos und stumm. Niemand rührt sich, jeder hat aufgehört zu atmen, zu denken.

Die SS-Männer bilden, das Maschinengewehr über der Schulter, einen Halbkreis, der die Gruppe abschließt. Drei auf uns gerichtete Maschinenpistolen halten die Menge in Schach.

Ein Unteroffizier tritt vor und zählt die Reihen, um uns von ihrem wahren Vorhaben abzulenken. Teilweise doppelte Buchführung, die künftigen Leichen auf die Soll-Seite und die Toten auf die Haben-Seite.

Keine Panik. Jeder weiß Bescheid. Endstation, Ende der Reise. Ein Trupp Männer beschließt hier sein Leben, auf einer verschneiten Straße im Lager einer Stadt, deren Namen einst nur der Kaiser von Österreich kannte. Das letzte Kapitel einer schmutzigen Geschichte wird hier in blutigen Lettern geschrieben, die der Schnee rasch auslöschen wird.

Ein unglaubliches Gefühl der Gleichgültigkeit überkommt uns alle plötzlich. Es ist vorbei? Ja, ein für alle Mal werden wir unseren endgültigen Status erreichen. Nicht mehr kämpfen müssen, sich nicht mehr abstrampeln müssen, um durchzuhalten. Es ist kein Mut, sondern totale Indifferenz. Die Haltung des Spielers, der gerade seine letzten Francs in einem finsteren Casino verloren hat. Und wir hatten nur unser Leben gesetzt. Eigentlich sehr wenig. Allein gegen die Bank! Verloren. Blutrot, rouge sang, impair et manque.

Der Schwarze Orden siegt. Und was für ein Geschenk noch obendrein! Wir werden erschossen wie Kämpfer und nicht vergast wie Ratten!

All das, was wir monatelang empfunden haben, all der Schrecken, all die Panik, all die Feigheit, alle Arten von Mut, der ganze Hass, all die freundschaftlichen Gefühle, die ganze Sinnlosigkeit des Lebens, die ganze Leere, die uns umgab, all das wird von einer Sekunde zur anderen Vergangenheit sein. In dieser Situation, in der man sich in die Hose macht oder der Angst endgültig Herr wird. Mein Schließmuskel hat gehalten.

Der Schlächter zählt noch immer, er lässt sich Zeit. Es ist offensichtlich, dass er wartet, bis der ganze Trupp versammelt ist.

»Fünfzig! Fünfundfünfzig! …«

Wer hat gesagt: »Achtung! Auf den Boden, sobald sie schießen. Das ist das Letzte, was wir versuchen können, die letzte Chance«?

Der andere geht weiter und setzt seine Litanei fort: »Sechzig!«

Motorengeräusch. Ein Motorrad taucht auf, bremst, so dass eine Ladung schmutzigen Schnees unter seinen Rädern aufspritzt, und kommt vor dem Chef des Sonderkommandos zum Stehen.

Leises Gemurmel. Stille Messe. Die Totenmesse vermutlich. Man kann nichts hören. Der Kurier salutiert, steigt wieder auf seine Maschine und verlässt das Lager. Befehle ertönen. Die SS-Männer sammeln sich, treten in Reih und Glied an und ziehen ab. Das Kommando entfernt sich.

Entlang der Mauer rührt sich niemand.

Ich habe mich seither oft gefragt, ob eine solche Szene in einem Film glaubwürdig wäre, so unwahrscheinlich wirkt sie. Erst später, in Paris, habe ich die Erklärung für diese Episode bei der Befreiung des Lagers erhalten. Man hat mir erzählt, dass es Zeit gebraucht hätte, alles zu zerstören, sehr viel Zeit, und den SS-Leuten saß die Rote Armee im Nacken. Die Schlächter hatten den Befehl erhalten, sich zurückzuziehen. Und damals gingen die russischen Soldaten vermutlich nicht sehr zart mit den SS-Männern um, die in ihre Hände fielen, und die auf Grund der eintätowierten Blutgruppe unter der linken Achsel leicht zu identifizieren waren. Und wenn man die Ausschreitungen der Nazis in der UdSSR bedenkt, dann überrascht diese Haltung der Roten Armee auch nicht weiter.

Das Warten zieht sich in die Länge, die Zeit vergeht. Anscheinend kommen die Feldgrauen mit den Todesrunen nicht zurück. Wir müssen den Invaliden in ihre Betten zurückhelfen.

Nachtisch. Armand, Henri und ich kehren zurück, um einen kleinen Imbiss zu uns zu nehmen.

*

26. Januar. Block 19.

Die Nacht ist lang gewesen. Immer noch das kümmerliche Kerzenlicht. Und die Anspannung kehrt zurück. Der Horizont in der Ferne zittert.

Aufwachen! Keine SS. Ein neues Ritual entsteht. Essen, Zigaretten, den Kranken helfen, Wasser abkochen und ab zur Küche, unsere fixe Idee.

Die Russen sind nicht fern, das Kampfgetöse wird immer deutlicher.

Ferner Trommelwirbel: Artilleriefeuer. Das Feuer kommt näher. Aber keiner der noch lebenden Auschwitz-Insassen kommt auf die Idee, dass er im Krieg sterben könnte. Übrigens verliert niemand ein Wort über die Rückkehr der SS-Leute. Mehr oder weniger bewusst hatten alle selbstverständlich damit gerechnet. Und es ist keineswegs gesagt, dass sie nicht erneut zurückkommen.

Während des Krieges geht die Besichtigung weiter. Diesmal erkunden wir den Block der Feuerwehrleute, Männer, die zugleich Deportierte und neben ihrem eigentlichen Beruf bei Bedarf auch Helfer der Schlächter bei der Aufrechterhaltung der Ordnung waren. Ein gewaltiger Haufen Stiefel bildet eine kleine schwarze Pyramide neben einem Klavier. Ein Klavier im Lager! Unglaublich, aber wahr.

Henri setzt sich auf den Hocker und klimpert ein bisschen herum. Ich hatte keine Ahnung, dass er ein talentierter Jazzer ist. Allerdings war man im Lager in der Regel auch nicht darüber im Bilde, ob der Bettnachbar, der gerade am Krepieren war, irgendein Instrument spielte.

Er hat Rhythmus, der Kerl, das swingt richtig. Wir lassen uns von den Synkopen einlullen.

Und eine neue Katastrophe bahnt sich an. Ein Deutscher steht im Türrahmen. Die Musik bricht ab.

Der Soldat gehört nicht der SS an, er trägt die Kokarde der Wehrmacht.

Seltsamerweise jagt mir der Anblick eines Wehrmachtssoldaten keine Angst ein. In Grenoble, in der Kaserne von Bonne, hatte uns ein Posten für ein paar Minuten *Le Petit Dauphinois*, die Lokalzeitung, überlassen, damit wir uns informieren konnten, was draußen geschah. Wir konnten nur die Schlagzeilen überfliegen, aber das genügte.

Im Lager sahen wir eines Tages, als wir auf einer Baustelle waren ohne die Möglichkeit, uns zu verstecken, eine Uniform auf uns zukommen, und da wir auf die Entfernung die Kokarde nicht erkennen konnten, arbeiteten wir ganz automatisch schneller; eine Gewohnheit, die wir in dem unaufhörlichen Summen von »Bewegung!« im Wechsel mit unserem vertrauten »Vingt-deux« zwangsläufig angenommen hatten. Der Soldat erwies sich jedoch als Mitglied der regulären Armee, nicht als SS-Mann, und als er auf unserer Höhe angelangt war, sagte er, ohne langsamer zu gehen und ohne dass er zu sprechen schien, in tadellosem Französisch zu uns: »*Doucement, camarades, doucement!*«[40]

Eine andere Erinnerung: Ich habe die Flucht im Juni 40 auf allen Straßen Frankreichs gesehen, Bilder der geschlagenen französischen Armee, die man nicht vergisst.

Und hier, vor drei lebenden Leichen in Auschwitz, der Bruder aller besiegten Kämpfer sämtlicher Bataillone und Nationalitäten. Der Held des Dritten Reichs ist verstört, erschöpft, schmutzig, er stinkt. Seine Kleider hängen in Fetzen, und unter den um die Füße gewickelten Lappen sind keine Stiefel zu sehen.

Der Mann fragt uns, ob wir etwas zu essen haben.

An dem Tag bewies ich wirkliche Noblesse und schenkte ihm ein halbes Brot.

Der Haufen Stiefel gerät in sein Blickfeld, und mit heiserer Stimme fragt er ganz bescheiden, ob er ein Paar nehmen dürfe? Ja. Er wickelt die Stofflappen ab, die seine Füße verhüllen, probiert und findet das Passende.

Er macht ein paar Schritte, lächelt, dankt. Endlich ein glücklicher Deutscher 1945. Der Soldat geht zur Tür, kommt zurück, schlägt mir auf die Schulter und sagt:

»Hab keine Angst, mein Freund! Morgen werden die Russen da sein!«

Das Konzert ist zu Ende.

Ich begebe mich mit Armand in die Küche. Wir füllen ei-

40 »Gemach, Kameraden, gemach!« [Anm. d. Ü.]

nige Flaschen mit einem süßlichen Getränk auf Fruchtbasis, das auf Jiddisch *rojinkewain* heißt, ein Wein aus Korinthen, den wir entdeckt haben.

Ein lang anhaltendes Pfeifen, dem eine sehr ferne Explosion folgt, stört uns bei der Arbeit. Ein zweites folgt.

»Hörst du das? Granaten?«

»Ja, achte einfach nicht drauf«, antwortet Armand. »Sie schießen über unseren Köpfen. Was soll's, wir befinden uns im *No Man's Land*.«

*

Samstag, 27. Januar 1945.

Trockene Kälte. Wintersonnenschein über dem Lager.

An dem Tag habe ich die grandiose Idee, Kisten mit Nudeln vor Block 1 zu vergraben. Ja, in meinem Kopf hat sich die Vorstellung festgesetzt, dass die Lebensmittel knapp werden könnten, falls die Situation noch länger so bleiben sollte. Eine ganze Weile, wie lange, kann ich nicht sagen, kämpfte ich mit einer Hacke gegen den gefrorenen Boden. Die Eisenspitze hüpfte, ließ meine Hände vibrieren; aber verbissen, als säße mir ein Kapo im Nacken, hackte ich weiter. Um schließlich nur einen einzigen Karton zu vergraben. Die Polen müssen, als sie das Lager plünderten, gedacht haben, da sei ein Schatz versteckt.

Block 19. Der Gestank hält sich, mit seinen alten Komplizen, dem Schmutz und dem Tod. Auf jeder Etage wird gestorben. Allein. Stöhnend. Betend. Stumm. Aber allein.

Ein Mann kommt von draußen hereingestürzt, mit irrem Blick.

»Die Russen! Die Russen! Die Russen sind da!«

Ein Murmeln pflanzt sich von Bett zu Bett fort, von Sterbendem zu Sterbendem, von einem an sein Lager Gefesselten zum nächsten: »Die Russen sind da!«

Durch die Tür und die Fenster des Erdgeschosses hechten alle Gesunden nach draußen.

Die gesamte Straße liegt im strahlenden Sonnenschein. Ganz hinten, am letzten Block entlang, kommt eine Reihe Soldaten näher. Eine Patrouille. Die Vorhut einer gigantischen Armee, deren Bekanntschaft wir schon bald machen werden.

Sie gehen im Gänsemarsch, decken sich gegenseitig, fast unsichtbar in dieser Schneelandschaft unter dem weißen Tuch, mit dem sie sich tarnen, den Finger am Abzug der »Camembert«-Maschinenpistolen (wegen der runden Form der Magazine). Sie bewegen sich vorsichtig. Für sie ist Krieg, und was für ein Krieg …

Das Raunen wird lauter: »Die Russen, die Russen!«

Die ersten Pyjamas, bei denen sie schließlich anlangen, zögern kurz, dann sind sie nicht mehr zu halten und werfen sich den Kämpfern an den Hals.

Weitere Uniformierte erscheinen am Eingang zum Lager, kommen näher, wachsen zu einer unüberschaubaren Menge an. Die ganze Welt, die den führenden Größen des Dritten Reichs als Sklaven dienen sollte, zieht an uns vorbei: asiatische Gesichter mit Schlitzaugen und schwarzen Mähnen, blonde Soldaten mit hohen Wangenknochen, Usbeken, Ukrainer, Weißrussen, Bergbewohner aus dem Ural, Kaukasier, Tartaren und Mongolen, Männer aus der Steppe und der Taiga, Wüstenbewohner und Soldaten aus den Polargebieten.

Die Sklaven fühlen sich sichtlich wohl in ihrer Winterausrüstung, mit ihren Stiefeln aus Filz und Leder und ihren gefütterten Kampfanzügen.

Der Winter ist ihr Element, schon Napoleon konnte ein Lied davon singen.

Aus allen Blocks laufen die Gerippe herbei. Manche trotz der Kälte nur halb angezogen. Durch eine undefinierbare Krankheit bis zum Boden gekrümmt, geht ein Pyjama auf sie zu. Sein Gesicht ist schmerzverzerrt, aber er trippelt auf die Russen zu, berührt sie, betastet sie, küsst den Stoff der Uniformjacken. Die »Iwans« der Roten Armee sehen ihn lächelnd an.

Seit Jahren eingesperrte Häftlinge, Relikte aus allen Lagern, Buchenwald, Oranienburg, Flossenbürg, Groß-Rosen, Neuengamme und anderen, Menschen, die nicht mehr weinen konnten, brechen in Tränen aus. Ein unverständliches Durcheinander aus deutschen, französischen, ungarischen, flämischen, polnischen Wörtern, ein aberwitziges Kauderwelsch, ein Rezitativ ohne wirkliche Melodie, dessen Worte niemand versteht, erhebt sich unter den Männern.

Am Morgen des 27. Januar habe ich Tote wieder lebendig werden sehen, scheinbar zumindest. Sie redeten miteinander. »Es gibt eine Zeit, um zu lieben, eine Zeit, um zu hassen, eine Zeit, um zu leben, und eine Zeit, um zu sterben …« In diesem, sehr kurzen, Augenblick haben sich alle Pyjamas von Auschwitz, gleich welcher Herkunft, Schwarze, Rote, Lila- und Rosafarbene, selbst die wenigen Grünen ohne Dienstgrad, die geblieben waren, Juden und Christen, Ungarn und Polen, Franzosen und Deutsche, Tschechen und Holländer, Kommunisten und Nationalisten, Wahnsinnige,

Rechthaber, diejenigen, die nach der Befreiung krepieren sollten, und diejenigen, die sich weiter auf den Beinen hielten, sie alle sowie all jene, die ich hier vergessen habe, geliebt.

Eine Flut von Soldaten überschwemmt das Lager.

Manche Häftlinge laufen hin und her, wollen das Offensichtliche nicht wahrhaben, reihen fortwährend sinnlose Worte aneinander. Ich habe niemals solche Blicke gesehen. Niemals. Und dazu die Ungläubigkeit.

»Glaubst du wirklich, dass wir frei sind?«

»Das sind Russen? Bist du sicher?«

Und misstrauisch geht der Mann wieder zu den Soldaten, versucht auf Französisch, auf Deutsch mit ihnen zu reden. Sein Gegenüber versteht kein Wort, lächelt und lässt sich küssen oder von den jungen Männern, die er gerade aus einem Beinhaus befreit hat, in die mageren Arme schließen.

In einer Ecke rechnen zwei Alteingesessene mit einem dritten Mann ab, indem sie ihn mit Faustschlägen traktieren. Blutig geschlagen, gelingt es ihm zu verschwinden, und er taucht in der brodelnden Menge unter, die durch das ganze Stammlager wogt. Es wird noch weitere Abrechnungen geben. Pech (oder Glück … eine Frage des Standpunkts) für den Kapo, den registrierten Spitzel oder den Blockältesten, der den Befreiten in die Hände fällt. Niemand kann sich ungestraft im Blut der anderen suhlen und dabei trocken bleiben. »Eine Zeit, um zu lieben, und eine Zeit, um zu hassen …«

Aber der Krieg scheint weiterzugehen, und die niederen Chargen der Roten Armee sammeln ihre Männer und rücken ab. Ein nicht unbeträchtliches Kommando bleibt allerdings vor Ort.

Als es Abend wird, hat niemand Lust, schlafen zu gehen.

Ich treibe mich mit Simon, der sich unserer Gruppe angeschlossen hat, herum. Manche haben irgendwo Alkohol aufgetrieben und trinken.[41] Ein Russe kostet direkt aus der Flasche von dem Kölnischwasser, das vermutlich aus einem der Pakete in der Paketstelle stammt. Ein Soldat gießt sich Benediktiner in ein Wasserglas. Alles, was irgendwie nach Schnaps schmeckt, findet sofort einen Abnehmer, aber das wird nicht lange so gehen. Es herrscht der blanke Wahnsinn, ein Wahnsinn, den man nicht beschreiben kann. Die Vergangenheit, die erst gestern noch Wirklichkeit war, sitzt allen noch in den Knochen. Übergangslos vom Ausgeliefertsein an das Exekutionskommando in die Freiheit zu wechseln, rund um die Uhr zum Tode verurteilt zu leben und dann ohne Umgewöhnungszeit begnadigt zu werden, ist mehr, als ein Mensch gefühlsmäßig verkraften kann, und der Freude ist angesichts einer unmittelbar bevorstehenden Zukunft, die sich nicht vorhersehen lässt, ein Riegel vorgeschoben. Am 27. Januar 1945 haben die zum Tode Verurteilten endlich den Tod sterben sehen. Ihr Wunsch wurde erhört.

*

41 Alkohol hat es im Lager immer gegeben, für die Kapos und andere Gefolgsleute, das war von der SS geduldet. Offiziell war er natürlich verboten. Der Alkoholhandel lief über die »Meister«. Wehe dem einfachen Deportierten, dessen Atem nach Alkohol roch.

Stammlager. 28. Januar.

Eine gewaltige Deflagration weckt das Lager und treibt die Männer auf die Straße.

Manche meinen, das sei eine Granate, die an der Ecke von Block 21 niedergegangen sei; andere behaupten, die Russen hätten einen Durchgang in die Lagermauer gesprengt.

Neben dem zwischen Zementpfeilern hochgezogenen, unter Hochspannung stehenden Netz aus Stacheldraht verfügte Auschwitz noch über eine zweite Umfriedung, nämlich eine Betonmauer.

Die Russen haben eine gigantische Öffnung in diese Mauer gebrochen, und jetzt durchqueren Militärkonvois das Lager. Der Proviantzug der Truppe besteht aus Fuhrwerken, wie sie für Osteuropa typisch sind, jenen altertümlichen Wagen mit Seitenleitern, die von kleinen, für das Laufen auf Eis beschlagenen Schimmeln gezogen wurden (von denen man mir sagte, sie stammten aus Sibirien). Jedenfalls laufen diese Tiere mit wahnsinniger Geschwindigkeit über den spiegelglatten Boden. Keine Lastwagen. Die von den Amerikanern gestellten GMCs und Jeeps werde ich erst ein paar Tage später auf der Straße meines erneuten Exodus nach Krakau erblicken, Wagen mit Motoren, die der Frost zerstört hat. Den Tieren scheint die Kälte nichts auszumachen. Lebhaftes Treiben in den Straßen. Häftlinge und Soldaten fraternisieren unvermindert.

Von draußen kommen die polnischen Plünderer. Zu Dutzenden erscheinen sie auf Pferdeschlitten, nachdem sie die zugefrorene Sola überquert haben. Ich habe mich gefragt, bei welcher Temperatur wir befreit wurden, dass so schwere Lasten gefahrlos über den Fluss gelangen konnten.

Für die Polen ist es ein Festtag. Ein zweites Weihnachten Ende Januar mit Bergen von Geschenken, nach denen sie nur zu greifen brauchen. Die Schlitten verlassen das Lager voll gepackt mit Kleidung, Schuhen, Lebensmitteln. Die Russen lassen sie gewähren, und die Plünderer geben einander die Klinke in die Hand.

Simon unterhält sich mit einem russischen Offizier und übersetzt für mich.

»Kann es sein, dass die Deutschen zurückkommen?«

Ich habe noch immer das schallende Lachen des Unteroffiziers im Ohr.

»Niemals so weit, wie sie schon waren – aber bis hierher können sie zurückkehren. Sie sind ungefähr drei Kilometer entfernt.«

Man soll das Schicksal bekanntlich nicht herausfordern. Je größer die Entfernung zwischen den Deutschen und mir ist, umso ruhiger werde ich sein. Ich beschließe, das Lager zu verlassen, um mich in Richtung Hinterland zu bewegen, und unterrichte Simon von meinen Plänen. Er findet meine Argumente plausibel.

Wir fragen meine beiden ständigen Gefährten, ob sie mitkommen, Richtung Weichsel, das heißt nach Krakau. Sie lehnen ab. Henri ist vollkommen euphorisch. Er fraternisiert mit den Soldaten und kann meinen Bammel nicht verstehen. Armand schließt sich ihm an.

Eiliger Abschied. Versprechen, uns in Krakau wieder zu treffen, sobald sie beschließen sollten, das Lager zu verlassen.

Simon, der das ganze Lager erkundet hat, teilt mir mit, dass er einen Koffer gepackt hat, der Saccharin enthält, das er wer weiß wo gefunden hat.

»Und was willst du damit?«

Für ihn bin ich ein unerfahrener kleiner Junge, was übrigens absolut zutrifft.

Nachhilfe in Wirtschaftskunde auf einer Straße in Auschwitz. Simon klärt mich auf.

»Wir besitzen nichts, du und ich, und wir werden in einem Land unterwegs sein, das vom Krieg verwüstet wurde und wo es an allem fehlt. Glaubst du etwa, die Polacken haben noch irgendwo Zuckervorräte? Wenn wir das Saccharin verkaufen, werden wir essen und wohnen können.«

»Krakau ist sechzig Kilometer entfernt. Die Straßen sind vereist. Glaubst du wirklich, das wird ein gemütlicher Spaziergang mit einem Koffer in der Hand hinter der Front? Sag mal, Simon, glaubst du, das wird ein bezahlter Urlaub an der Ostfront?«

Seufzend muss er mir Recht geben.

»Schade, du wirst sehen, dass ich Recht hatte. Aber ein Koffer … sechzig Kilometer … Außerdem habe ich randvoll gefüllte Kisten mit Reichsmark gefunden. Aber das ist eine Währung, die nichts wert ist. Ich habe nicht eine Münze eingesteckt.«

Letzter Blick auf die Menge, auf das aufgeregte Treiben der Männer, die berauscht sind von ihrer neuen Freiheit, und wir verlassen das Lager durch die Mauerbresche. Ich habe Auschwitz durch das Tor mit dem Spruch »Arbeit macht frei« betreten; ich hätte das Lager durch den Schornstein verlassen können, und ich gehe hinaus durch die aufgerissene Lagermauer, um mich mit vorsichtigen Schritten auf das Eis des Flusses zu wagen, das die Schlitten unaufhörlich mit ihren Kufen zerfurchen.

Ohne sich um irgendetwas anderes zu kümmern, plündern die Bewohner der Gegend das Lager. Was für ein Geschenk des Himmels!

Jede Befreiung ist ein schmerzlicher Abschied, ein Tod, eine Wiedergeburt, selbst wenn man aus Auschwitz herauskommt.

Der schmerzliche Abschied ist das Scheiden von meinen Kameraden, die nicht zurückkommen werden. Ich weiß, dass auch ich ein Leben davor gehabt habe, das hier zu Ende gegangen ist, und dass ich jetzt alles von vorn beginnen muss. Eine Wiedergeburt? Sicher, nur dass ich die Gebrauchsanweisung finden muss, falls es eine gibt.

Ich verlasse Auschwitz, aber ich empfinde keinerlei Euphorie; nur einen grenzenlosen Ekel, der etwas gemildert wird durch ein unbestimmtes Triumphgefühl. Ich habe den Krieg gewonnen. Ich lebe. Das ist alles. Was kann ein Mensch empfinden, der von einem Vulkanausbruch mitgerissen wird, wenn der Vulkan ohne Vorwarnung erlischt?

Richtung: Auschwitz-Stadt.

Merkwürdigerweise habe ich keinerlei Erinnerung an die Stadt. Nichts, nicht ein Bild. Ich muss dazusagen, dass Simon gleich nach dem Verlassen des Lagers die Bekanntschaft eines Polen gemacht hat, der uns anbot, uns zu beherbergen. Wir haben also bei ihm geschlafen und unsere erste Mahlzeit als freie Männer eingenommen. Er hatte, so erzählte er uns, lange in einem deutschen Gefängnis gesessen, weil er einem Deportierten etwas Wasser gegeben hatte.

Ich bin in Warschau geboren worden; aber ich spreche kein Polnisch, eine Sprache, die meine Ungeduld, Französisch zu lernen, sehr schnell aus meinem Gedächtnis gelöscht hat. Mir fallen nur vereinzelte Wörter wieder ein, wie: guten Tag, auf Wiedersehen, danke, was mir erspart, an einer Unterhaltung teilnehmen zu müssen, die mich in keiner Weise interessiert. Ich habe den Lebenden nichts zu sagen.

Befreit zu sein bedeutet nicht, dass man frei ist. Mir war nicht wirklich bewusst, dass mich verborgene Fesseln behinderten; ein Band, das auf meinem Weg in die Normalität immer länger werden sollte. Aber es war da, unsichtbar, nicht greifbar, und löste ständig unkontrollierbare blitzartige Erinnerungen aus. Ein Geruch? Schon tauchten die Reihen der Bettgestelle und ihr unerträglicher Gestank wieder auf. Ein Gesicht? Sofort sah ich wieder das Gesicht eines Burschen vor mir, dem ich im Lager begegnet war. Eine Farbe? Auschwitz war in meiner Erinnerung grau, anthrazit; aber die Uniformen hatten eine Farbe, der Himmel, die Erde, die Werkzeuge, die Wachtürme, die Waffen hatten ihre Farbtöne und stachen aus dem Grau-in-Grau heraus, das sich in meinen Gedanken festgesetzt hat.

In all den Jahren danach habe ich diese Ketten stets mit mir herumgeschleppt. Ich fühlte sie in Paris, auf meinen Reisen, bei meinen Begegnungen. Niemand, mit Ausnahme meiner Frau, weiß davon. Sie muss meine Schreie ertragen, wenn ich nachts brüllend erwache.

Wie oft kommt es vor, dass ich, besonders im Herbst, wenn der Himmel wieder eine bleigraue Färbung annimmt und die drückende Feuchtigkeit über der Stadt deren Gestank wie unter einem Deckel festhält, sage: »Das riecht nach Auschwitz!« Wie oft erschüttert mich der Anblick eines Kindes, der ganz kleinen vor allem, zutiefst und ruft mir schlagartig Birkenau und die Vernichtung der Kinder aus dem Ghetto von Lodz wieder in Erinnerung, die ich fast die ganze Zeit mitansehen musste: die letzten neun Augusttage des Jahres 44. Jahrelang konnte ich keine Pellkartoffeln essen. Sofort stand mir das Bild der Sonntagsmahlzeit mit ihren Kartoffeln wieder vor Augen. Und so weiter … In meinem Berufsleben, in meinem Gefühlsleben, im Umgang mit meinen Freunden, den engsten Vertrauten, meinen Frauen, war, ist das Lager unablässig präsent, überall, aber nur für mich allein.

Das geht allen, die die Lager überlebt haben, so, obwohl manche, wenige, aus ihrem bewussten Gedächtnis buchstäblich ausgelöscht haben, was sie gesehen haben. Ich habe Freunde gehabt, die sich an absolut nichts erinnern; kein Ereignis, an dem sie beteiligt waren, hatte sichtbare Spuren hinterlassen. Ich sage »sichtbare«, denn das Unterbewusstsein vergisst nichts, niemals. Es begräbt. Aber die unsichtbaren Leichen sind immer da. Und dann, Vorhang auf für die nächtlichen Albträume … die Gespenster steigen aus ihren Gräbern.

*

29. Januar.

Wir haben unserem Gastgeber gedankt und uns, nachdem er uns erklärt hat, wie wir nach Krakau kommen, auf den Weg gemacht.

Die Landschaft um Auschwitz liegt unter einer dichten Schneedecke, die lange Straße glänzt unter ihrer Eisschicht; tote Tiere liegen auf der Fahrbahn, mit starren Gliedmaßen, die Eingeweide quellen aus dem offenen Bauch und bilden rosa Schlangen, steifgefroren von der Eiseskälte.

Ich liebe die Tiere vom Bauernhof, besonders die Pferde. Kindheitserinnerungen … Diese aufgeschlitzten Kadaver wecken ein Gefühl des Mitleids in mir, das ich den Menschen gegenüber nicht mehr kannte. Eine lange, menschenleere Strecke, immer wieder Spuren der jüngsten Kämpfe, demolierte Lastwagen in einem Graben, ein russischer Panzer, zerbrochen in zwei Teile, als sei er von einer riesigen Axt gespalten worden. Wir bewegen uns vorsichtig, langsam. Die Fahrbahn ist glatt. Es lebe das Straßenbaukommando! Auf dem Weg nach Krakau gibt es keinen Dompteur, keine Schreie, keine Gummiknüppel, Faustschläge, Schaufelstiele, nur neue Bilder, die uns mit voller Wucht treffen, flüchtige Schatten, Menschen, die uns entgegenkommen.

Wir begegnen russischen Konvois, die zur Front unterwegs sind. Wir gehen immer langsamer. Es eilt ja nicht. Und sehr kräftig sind wir auch nicht. Jeder Schritt entfernt uns weiter von den Deutschen, und das ist für mich das Einzige, was zählt.

Unser Pole aus Auschwitz hat uns gesagt, dass wir die Weichsel überqueren müssen.

Ein Bauer erklärt uns den Weg und weist uns darauf hin, dass wir eine halbe Stunde entfernt auf eine Brücke über den Fluss stoßen werden.

Wir geraten ins Unterholz. Mir fallen die Erzählungen wieder ein, die ich in meiner Kindheit in Polen über die endlosen Wälder und ihre Wölfe gehört habe. Aber an diesem Tag bin ich unbesiegbar, und Wölfe hin oder her, mir kann nichts etwas anhaben.

Begegnung: eine kleine Abteilung der Roten Armee unter der Führung eines Offiziers.

Simon macht dem Mann ein Zeichen, und nachdem er erklärt hat, woher wir kommen, fragt er ihn: »Gibt es hier in der Gegend Deutsche?« Der Russe lächelt.

»Ja, aber sie sind alle tot.«

Erst in Krakau ist mir klar geworden, wie leichtsinnig unser Ausflug war. Abgesehen von unseren rasierten Schädeln und den Tätowierungen auf unseren Unterarmen wies nichts darauf hin, dass wir Deportierte waren. Und natürlich hatten wir nicht das kleinste Papier, um uns auszuweisen. Aber auf unserem mehr als fünftägigen Marsch mitten durchs Kriegsgebiet, auf dem wir, unter anderem wegen des Schlafens, in Kontakt mit den russischen Soldaten standen und uns durchs unmittelbare Hinterland einer riesigen Front bewegten, hat uns niemand nach irgendetwas gefragt.

Um den Fluss zu erreichen, marschieren wir mehr als zwei Stunden, dann sehen wir schließlich die Weichsel, finden allerdings statt einer Brücke nur ein Fährboot.

Zwischen riesigen Eisschollen, die auf dem Wasser treiben, setzen wir über. Ich schaffe es glorreich, das Ufer zu verfehlen und ein unfreiwilliges Fußbad zu nehmen. Der Fährmann zeigt uns sein Haus, und vor einem Kaminfeuer warte ich darauf, dass meine Strümpfe und Schuhe wieder trocken sind. Währenddessen verwöhnt uns die Frau des Schiffers mit einem Glas Milch. Ein so vollmundiger Geschmack, dass ich ihn bis heute nicht vergessen habe.

Wieder unterwegs. Die verschneiten polnischen Dörfer erinnern an Weihnachtskarten. Keine sichtbaren Spuren des

Kriegs, abgesehen von einem ersten Jeep, der umgekippt auf der Seite liegt. Solche Wagen habe ich nie zuvor gesehen.

Es ist Januar, die Tage sind kurz. Wir müssen einen Unterschlupf zum Schlafen finden. Und abgesehen von der Milch haben wir seit dem Morgen nichts zu uns genommen.

Erneut löst Simon das Problem, als er am Straßenrand einen Militärposten erspäht.

Die Soldaten gehören einer Geländeeinheit an, die wie in jeder Armee die Aufgabe hat, die Konvois zur Front zu dirigieren.

Schwätzchen. Sie laden uns ein, mit ihnen im Stroh zu schlafen, und teilen auch ihre Mahlzeit mit uns, Kartoffeln mit Speck. Bei dieser Gelegenheit mache ich Bekanntschaft mit dem *Machorka*, dem schrecklichen russischen Tabak. Nach dem Essen lassen uns die Russkis eine milde Gabe zukommen und schenken uns, gerollt aus Zeitungspapier, das sie wer weiß woher haben, ihre »Zigaretten«. Das Zeug hängt mir jetzt noch in den Bronchien!

Der Posten ist mit Männern besetzt, die nicht mehr die Jüngsten sind.

Wir werden anderen begegnen, Alten, schlecht ausgerüstet, manche tragen die ausgedienten Pickelhauben der früheren Armee; es ist deutlich zu erkennen, dass sie keine Kämpfenden sind, sondern mit untergeordneten Aufgaben betraut sind. Der schreckliche Aderlass, den die Russen erlitten, hatte zur Folge, dass sie auch die Generation der Alten einberufen mussten.

Simon unterhält sich mit den Trosssoldaten und dolmetscht dabei. Der Älteste des Trupps holt Fotos seiner Familie hervor und zeigt sie uns mit breitem Lächeln.

Doch danach geht's erst richtig los, als der Opa nach einem kleinen Akkordeon greift und spielt, bis seine Mannschaftskameraden an der Straße abgelöst werden.

*

30. Januar bis 3. Februar. Die Landstraße.

Erschöpfung und Euphorie.

Dank unserer neuen Kameraden vom russischen Posten können wir auf einem der Fuhrwerke mitfahren, die ich in Auschwitz bewundert habe.

Es sind unglaubliche Gefährte. Sie rutschen, geraten ins Schleudern, fangen sich wieder, kommen erneut ins Rutschen und sausen nach Osten, unsere Richtung. Beladen mit Kisten und Säcken, nehmen sie auch Bauern mit, die keine andere Transportmöglichkeit haben, und die Iwans setzen dich am Straßenrand ab, wenn sie dich nicht mehr auf ihren Wagen haben wollen. Mein Bild von den Russen: herzliche Menschen, fähig, ihr Bestes zu geben, aber für einen Westeuropäer auch von einer unvorstellbaren Unbekümmertheit. Ich beginne zu begreifen, was das Wort *nitschebo*, macht nichts, bedeutet!

Wir gehen zu Fuß weiter. In dieser Nacht schlafen wir bei zwei Polen, in deren Esszimmer ein Foto von ihrer Hochzeit steht, aufgenommen in Frankreich, in Saint-Denis, am Stadtrand von Paris, wo sie jahrelang gearbeitet haben. Beim Essen begegnet mir die *Cacha* wieder, der Buchweizen aus meiner Kindheit. Ich habe selten ein so herzliches Paar erlebt.

Wir setzen unseren Weg fort, nachts ruhen wir uns bei den Soldaten aus. Und am Morgen des 3. Februar erreichen wir den Stadtrand von Krakau.

Die Landstraße ist zur Ortsstraße geworden. Ein langer Weg, bedeckt mit schmutzigem Schnee, unter einem grauen Himmel.

Es ist Tag, und wir sind als Einzige unterwegs. Ein Schatten taucht auf, wird größer, kommt näher. Eine Frau. Keine skelettartige Vogelscheuche aus Birkenau, keine polnische Oma, die breiter ist als hoch, nein, eine schlanke Gestalt, die sich von der grauen Ödnis abhebt. Sie kommt auf uns zu, in kleinen Stiefeln, die auf halber Höhe der Waden enden. Sie ist in einen Pelzmantel gehüllt, auf dem Kopf trägt sie eine ebenfalls pelzbesetzte *Schapka*, unter der eine blonde Locke hervorspitzt, die ihr in die Stirn fällt, und sie kommt direkt auf uns zu. Ihr Gesicht ist geschminkt, ihre halb geöffneten Lippen entblößen weiße Zähne. Als sie uns erreicht hat, lächelt sie. Eine Frau, die zwei Gespenstern auf der Walz zulächelt! Eine echte Frau, aus Fleisch und Blut, vor allem aus Fleisch, eine Mutter, eine Geliebte, eine Schwester, eine Ehefrau, eine Freundin, eine Vertraute, eine Hure, eine Heilige. Ein unvergesslicher Augenblick, Erleuchtung. Hier und jetzt, sieben Tage nach der Ankunft der Russen, habe ich das Lager wirklich körperlich verlassen, da ich diese Frau sehe, die mir, ohne sich dessen bewusst zu sein, ein wunderbares Geschenk gemacht hat, eine der prachtvollsten Erektionen, die ich je hatte. Ich bin am Leben.

Kurzes Winken zum Gruß. Krakau tut sich vor uns auf.

Eine Stadt. Eine richtige, nicht die künstliche Stadt des Lagers. Es sind Häuser, die da vor uns auftauchen, keine Blocks. Wohnhäuser, in denen man sich lieben, arbeiten, träumen kann und nicht fürchten muss, auf der Stelle hinausgeworfen zu werden, je nach den Wünschen und Bedürfnissen der SS-Leute. Hier sind die Straßen frei, geschmückt mit Straßenlaternen, ohne Scheinwerfer und ohne dass die Aussicht von einer Mauer versperrt wird. Man kann gefahrlos jede Kreuzung überqueren, ohne dass eine Reihe von Wachposten die Gegenstände mit menschlichem Gesicht für einen Transport ans andere Ende der Hölle verlädt. Soldaten gibt es auch hier, aber sie sind Befreier. Männer mit Armbinde, aber ohne die verfluchte Aufschrift *Kapo*. Kein Stacheldraht, keine Maschinengewehre in Stellung entlang der Fahrbahn.

Simon hält einen Passanten an. Er spricht Französisch. Eine der Entdeckungen, die wir machen: wie viele Polen unsere Sprache beherrschen. Antwort auf unsere Fragen: Der Mann gibt uns eine Adresse und schickt uns zum Ortskommandanten.

Wir werden von einem Offizier der polnischen Armee empfangen, die an der Seite der Sowjets kämpft. Es gibt zu dieser Zeit drei polnische Armeen, die gegen die Nazis kämpfen. Die Männer von General Anders, Kampfeinheiten, die in England ausgebildet wurden und die schwere Verluste in der Schlacht von Cassino, in Italien, und in der Kesselschlacht von Falaise, in der Normandie, zu beklagen hatten; dann die Truppe, die unter sowjetischem Kommando aufgestellt wurde und im Osten auf Deutschland marschiert; und die AK (Armia Krajowa), die nationalistische Organisation und Heimatarmee in Polen.

Der Pole spricht in korrektem Französisch mit uns, hört uns zu.

Fazit: »Ich kann nichts für Sie tun! Ich habe keine Instruktionen. Aber gehen Sie dorthin, da wird man Ihnen vielleicht helfen können.«

Die Adresse, die er uns gibt, ist die einer Kaserne. Der Wachposten lässt uns hinein.

Es handelt sich tatsächlich um eine Kaserne. Erste Überraschung, man spricht nur Russisch. Die überwältigende Mehrheit der Männer dort sind ehemalige Kriegsgefangene. Der Lagergeruch steigt mir wieder in die Nase, der Geruch aufeinander hockender Männer, eine feuchte Atmosphäre, die ich verabscheue, ich sehe wieder die Visagen der schwarzen Dreiecke, und sofort verwandelt sich das Gebäude für mich in einen Block.

Simon erklärt mir, aber ich habe es bereits begriffen, dass wir hier fehl am Platze sind. Rückzug zur Tür.

»*Niet*«, sagt der Posten und kreuzt das Bajonett. »Hier kommt niemand raus.«

Wir sitzen in der Falle. Panik: Wir haben nur das Gefängnis gewechselt.

Sinnlos zu insistieren, wir machen kehrt und beginnen eine lange Erkundungstour durch die Räumlichkeiten. Wir schnüffeln überall herum und entdecken in dem Gitterzaun, der die Kaserne umgibt, gegenüber der Tür ein paar auseinander gebogene Stäbe. Es lebe die sowjetische Nachlässigkeit! Uff!

Ohne es zu wissen, sind wir Sibirien entkommen, der Endstation aller Gefangenen oder Internierten des riesigen russischen Reiches, die durch die Offensive im Januar 45 befreit worden sind. Stalins Argumentation war wie immer sehr einfach oder sagen wir eher grob vereinfachend: Da diese Männer die Behandlung durch die Nazis überlebt haben, müssen sie kollaboriert haben. Schicken wir die ehemaligen Häftlinge der Deutschen also zur Rehabilitation in die Gegend des Kolyma oder von Nowosibirsk.

Ich brauche mir nur vorzustellen, wie ich versuche, einem russischen Bullen in Kriegszeiten zu erklären, dass ich von der Nationalität her Pole bin, dass ich aus Grenoble, in Frankreich, komme, *via* Auschwitz, und dass ich nur eines möchte, so schnell wie möglich ein Eckchen zu finden, wo ich bleiben kann, während ich auf meine Rückkehr nach Paris warte.

»*Da, da, towarischtsch!* Gefällt es dir bei uns nicht? Schön, also wir werden uns um dich kümmern. Du wirst heimkehren, in … zwanzig Jahren!«

Also, neuer Anlauf.

Ein zweiter Unteroffizier empfängt uns, hört sich unsere Geschichte an, gibt uns eine andere Adresse.

»Das ist eine Aufnahmestelle für Juden, in der *Ulica* Dluga Nr. 34.«

Etwas misstrauischer diesmal, mustern wir das Gebäude, bevor wir hineingehen. Es ist ein ganz gewöhnliches Wohnhaus.

Ein Mann sitzt hinter einem Tisch neben dem Eingang. Er hört sich unsere Erklärungen schweigend an.

»Wir werden euch zu essen geben, und ihr werdet hier schlafen. Morgen werden wir sehen, was wir tun können.«

Die Aufnahmestelle ist nichts anderes als eine riesige leere Wohnung. Außer einem Tisch und einem Stuhl gibt es kein weiteres Möbelstück, keine Sitzgelegenheit.

Ich habe später daran zurückgedacht, als ich Juden traf, die das Massaker überlebt haben. Das osteuropäische Judentum, das gewaltige Wissen von zehn Millionen »jiddischsprachigen« Menschen, die zwischen Ostsee und Schwarzem Meer, zwischen Rhein und Pazifik lebten, war das Ebenbild dieser Wohnung; eine leere, unendlich leere Aufnahmestelle, leer für die Ewigkeit. Denn trotz der Anstrengungen, die manche unternehmen, wird die jiddische Kultur nicht wieder auferstehen. Dass man Bibliotheken erhält, dass man versucht, diese Sprache zu retten, die durch ihre Redewendungen, ihre spöttische Ausdrucksweise, ihren Reichtum an Formulierungen, zu denen ganz Europa beigetragen hat, unnachahmlich ist, ist gewiss löblich, aber vergebens. Der Humus, das Schtetl, die *Klezmorim* (nicht ihre blasse, genormte amerikanische Imitation, die unter »Klezmermusik« läuft), die fahrenden Sänger und Spieler, jene erstaunlichen Musiker, die niemals Notenlesen gelernt hatten und die die Meister der Folklore in ganz Mittel- und Osteuropa waren, jene alten Rabbis, die nur für das Studium der religiösen Texte und das Unterrichten der Kinder in diesen Texten lebten, diese wunderbaren Menschenerzieher, die nichts von Psychologie verstanden und sie jeden Tag neu erfanden, diese *»jiddischen mames«*, die die Traditionen, die Märchen und Geschichten an die Kinder weitergaben, kurz, die ganze Vergangenheit, die ganze Dynamik, die ganze Intelligenz eines Volkes (denn es war eins) waren verschwunden. Das osteuropäische Judentum existiert nicht mehr. Eine riesige leere, unendlich leere Wohnung ist alles, was davon übrig ist.[42]

42 Das Jiddische wird noch in einigen Ecken von Paris gesprochen. Es ist lebendig in manchen Vierteln New Yorks und unter den religiösen Fundamentalisten in Israel, für die das Hebräische die Sprache der heiligen Texte und das Jiddische die Alltagssprache bleibt. Aber ohne Humus trägt der Baum keine Früchte mehr.

Auf dem Boden sitzend, genießen Simon und ich unser Stück Brot. Das wird unsere ganze Mahlzeit sein. Als Bett … der Parkettboden. Da wir die ersten Bewohner der Aufnahmestelle sind, ist er noch sauber.

*

4. Februar. Krakau.

Erkundung der Stadt. Wir haben kein Geld, und in die Dluga-Straße zurückzukehren begeistert uns nicht gerade.

Irgendjemand hat uns von dem Kloster in der *Ulica* Smolenska Nr. 2 erzählt, dessen Nonnen sich um die Flüchtlinge aus Warschau kümmern. In dem unzerstörten Krakau kann man sich nur schwer vorstellen, dass praktisch alle Städte Polens in Schutt und Asche liegen und der Flüchtlingsstrom ungeheuer ist.

Wir orientieren uns und finden die Smolenska-Straße.

Wir erzählen von unserer Reise seit dem Aufbruch aus dem Lager, und eine Nonne erklärt uns lächelnd, dass wir bei ihnen zu Mittag essen können. Abgesehen von der Ausführung ihrer religiösen Riten versuchen sie, polnische Männer und Frauen mit Essen zu versorgen, deren einziges Kapital, wie bei Simon und mir, ihr Leben und deren Lebenszweck das Umherirren ist.

»Sie können jeden Tag zum Mittagessen herkommen.«

Das Mahl ist einfach, aber ausreichend. Simon fragt, ob wir auch dort schlafen dürfen, im Refektorium, auf den Bänken. Dürfen wir.

Wir bleiben ein paar Tage dort, bevor wir, wie ich bereits erzählte, von der Französischlehrerin unsere Wohnung »mieten«.

Eine der Nonnen findet mich sympathisch und bringt mir immer noch einen kleinen Nachschlag, wenn ich aufgegessen habe.

Erklärung: Ich sehe ihrem jungen Bruder ähnlich, der nach seiner Verhaftung durch die Deutschen verschwunden ist. Die Tränen treten ihr in die Augen, wenn sie von ihm spricht.

Um unseren *Schwestern,* zu danken, gehen wir ihnen ein wenig zur Hand und spezialisieren uns auf das Zerteilen riesiger Stücke Pferdefleisch, die sie in ihrer Küche verarbeiten; eine Arbeit, die sie sichtlich verabscheuen. Dadurch dürfen wir hinterher jeden Abend mit ihrer Zustimmung etwas Fleisch mitnehmen, das wir in unserem Stadtpalast mit Armand und Henri teilen, als sie sich, des Lagers müde, endlich entschlossen haben, sich auf den Weg zu machen.

In dem Schuppen, in dem wir die Tiere zerteilen, haben wir Fässer entdeckt, in denen die Nonnen die wunderbaren polnischen Gürkchen einmachen, sowie einen weiteren Behälter, in dem grüne Tomaten in Essig eingelegt sind. Köstlich!

Krakau ... Wir werden fast drei Monate dort bleiben, da wir den Zug nach Odessa erst in den allerletzten Apriltagen nehmen.

Ich habe in dieser Stadt den Übergang zur marxistischen Wirtschaft miterlebt. Nichts ist einfacher. Die polnische Übergangsregierung hat eines Tages einen umfassenden Austausch der im Umlauf befindlichen Geldscheine verfügt, um dem gewaltigen Schwarzhandel, der in unterschiedlichsten Formen unter der deutschen Besatzung blühte, ein Ende zu bereiten und zu versuchen, die Inflation zu stoppen.

Eines schönen Tages im Februar oder März wird den Polen also befohlen, all ihre Geldbestände auf die Bank zu bringen.

Es wird nichts beschlagnahmt, es wird lediglich eingezahlt. Gegen eine Quittung erhält jeder in der Landeswährung die Summe von 500 Zloty. Ergebnis: Alle sind in der gleichen Lage, und jeder muss sich, wenn er überleben will, Arbeit suchen.

Und was haben die zahllosen europäischen Flüchtlinge in Krakau getan? Ihre Pflicht ... Die Polen flehten sie an, 500 Zloty für sie einzutauschen. Wie kann man einen solchen Gefallen ablehnen, wenn derjenige, der dich bittet, diesen Umtausch für ihn vorzunehmen, dir die Hälfte der Summe anbietet? Jeder tauschte die vorgeschriebene Summe um und verdiente sich so 250 Zloty. Das große Los ... Kein Deportierter, kein Gefangener, gleich welcher Nationalität, hat sich geweigert. Und aus gutem Grund ... Wovon wollen Sie leben, wenn der Geldbeutel leer und der Appetit gut ist und Ihnen beim Anblick der Marktstände das Wasser im Mund zusammenläuft? Ich hatte Geschmack am Pferdefleisch gefunden; aber der Umtausch der Geldscheine erlaubte uns, etwas Abwechslung in die Alltagskost zu bringen.

Ein weiteres finanzielles Abenteuer. Aber davon später.

Die Stadt wird überflutet von Menschenströmen, die immer noch größer werden, je weiter die russische Offensive sich der deutschen Grenze bei Gleiwitz nähert. Denn der Krieg geht weiter ...

Krakau ist für alle Befreiten nur noch ein Anziehungspunkt, wo sich die wieder gefundene Freiheit in Rückführung in die Heimat verwandeln kann.

Die örtlichen Behörden haben sich daher eine Lösung des Problems einfallen lassen: Allen, die die Stadt verlassen wollen, wird ein Passierschein ausgestellt und ein kleiner Geldbetrag ausgehändigt, der sich, glaube ich, auf 200 Zloty belief.

Um sich die Arbeit zu erleichtern und riesige Warteschlangen zu vermeiden, hatten die Polen ihre Büros alphabetisch aufgeteilt, aber an verschiedenen Orten. Die Idee, die Massen aus dem überquellenden Krakau auf die umliegenden Städte oder Gegenden zu verteilen, war an sich nicht schlecht. Die Sache hatte nur einen Haken! Niemand besaß Ausweispapiere, und selbst diejenigen, die welche hatten, behaupteten, sie verlegt zu haben. Man kann sich das Ergebnis vorstellen, auch wenn ich es nicht beziffern kann, denn es kam fortlaufend zu Namensänderungen. An einem Tag hieß man Dupont, und am nächsten wurde man in einem anderen Büro zu Masson oder Tessier. Die Maßnahme musste schon sehr bald wieder eingestellt werden.

Apropos Finanzen. Die merkwürdigste wahre Geschichte aus der damaligen Zeit ist die von Pat und Patachon. Das sind natürlich nicht ihre wirklichen Namen, an die kann ich mich nicht mehr erinnern.

Pikaresken Gestalten begegnete man sogar in Auschwitz.

Ich sah diese beiden Männer Ende Oktober in Handschellen und von einem SS-Mann geführt ins Lager kommen.

Das war das erste und einzige Mal, dass ich Gefangene einzeln, nicht als Teil eines Transports, ankommen sah.

Sie waren zwei Juden aus Paris, die, um der Deportation

zu entgehen, auf die Idee gekommen waren, als freiwillige Arbeiter nach Deutschland zu gehen.[43] Das ließ sich auch gar nicht so schlecht an, und unsere Einfaltspinsel wurden Busfahrer in Bayern.

Bis zu dem Tag, an dem die beiden Vögel sich auf den Schwarzhandel mit Lebensmitteln einließen, wie es alle Gefangenen und Zwangsarbeiter taten.

An einer der Haltestellen geht das Feilschen unbefriedigend aus, und ein Mann sagt:

»Guck dir seine Nase an, der ist Jude.«

Wie man das eben so sagt. Aus Gewohnheit vermutlich, denn der andere wusste nichts über ihre Abstammung. Ein Spitzel der Gestapo hört den Satz und gibt ihn an die Bullen weiter. Und schon sind Pat und Patachon im Lager.

Sie werden nicht evakuiert, überleben und beschließen, als sie das Lager mit einer Gruppe von Männern verlassen, einen bis oben hin mit Kleidung gefüllten Wagen mitzunehmen. Und sie machen sich auf den Weg, einen Spaziergang von sechzig Kilometern, einen Rollwagen ziehend (ich glaube, sie waren etwa zehn), diesen für das Lager so typischen Wagen (immer von Pyjamas gezogen), der für alles hergenommen wurde: um die Suppe zu den weit entfernten Baustellen zu bringen, um die Toten zu transportieren, um das Material zu befördern.

Der Marsch nach Krakau ist nicht leicht auf dem Glatteis.

43 Ich kenne einen Mann, dessen Familie nach der Bombardierung der Renault-Fabrik, um den Massenverhaftungen und der drohenden Deportation zu entgehen, in das verlassene Boulogne-Billancourt zog, in der Annahme, dass sie dort in Ruhe gelassen würde. Sie hat den Krieg unbeschadet überlebt.

Es ist also kein Wunder, dass die erschöpften Kameraden Pat und Patachon einer nach dem anderen im Stich lassen, je weiter sie kommen.

Als sie Krakau erreichen, sind sie nur noch zu zweit. Sie stoßen auf einen Polen, der ihnen die ganze Ladung auf einmal abkauft. Sie haben Glück: Der Mann ist ehrlich und bezahlt sie in der neuen Währung, die jetzt in Umlauf ist. Wo doch die Überlebenden, die ihre Kleidung verhökerten, häufig mit dem ungültig gewordenen und daher wertlosen Geld bezahlt wurden.

Unsere beiden Gauner machten, was alle in Krakau taten, die den Krieg überlebt hatten. Sie warteten auf die Rückführung. In aller Ruhe. Mit dem Erlös aus ihrem Verkauf mieteten sie sich im Hotel Europeiski ein, einem der besten der Stadt, und frühstückten jeden Morgen im Bett.

Ein paar Jahre später begegnete ich Pat auf einer Rolltreppe der Metro-Station Strasbourg-Saint-Denis. Er wirkte ziemlich von der Rolle, fast erbärmlich. Manche Menschen sind nur groß, wenn sie in der Scheiße stecken.

Langes, zielloses Herumirren in Krakau.

Begegnungen. Gerüchte. Manche offiziellen Einrichtungen sind bereit, Post anzunehmen, erfahre ich. Ich schreibe einen Brief an meine Eltern[44], finde das Gebäude des polnischen Roten Kreuzes (Polska Czerwony Krzyz), *Ulica* Swienta Anna (Sankt-Anna-Straße), und gebe dort meine Post nach

44 Dieser Brief kam im Juli an, also zwei Monate nach meiner Rückkehr. Ich fand ihn nach dem Tod meiner Mutter zwischen ihren Papieren.

Paris ab. Da ich keine Nachrichten von meiner Familie habe, schicke ich den Brief an ihre letzte Pariser Adresse. Die reinste Flaschenpost.

Winterlicher Spaziergang in einer wunderschönen Stadt. Ich entdecke zahllose Gotteshäuser und den unfassbaren Glauben der Polen.

An einem Tag, an dem es bitterkalt ist, suche ich Zuflucht in einer Kirche und stelle mit Verblüffung fest, dass sie brechend voll ist. Den Singsang des Priesters habe ich bis heute nicht vergessen:

»*Swienta Maria, matka boza* … Heilige Maria, Mutter Gottes …«

Und die Antwort der Menge, die Köpfe gesenkt, im Halbdunkel der Kirche:

»*Modl sie za nami!* Bitte für uns!«

Ein ständiger Dialog, dessen Worte einen merkwürdigen Gesang ohne wirkliche Melodie bildeten, der die Männer und Frauen mit einer Aura fast greifbarer Inbrunst umgab.

Andere Begegnungen: Eine Frau spricht mich an, auf Deutsch, und schlägt mir vor, »*fick-fick*« mit ihr zu machen. Fick-fick? Okay, ich habe verstanden. Sie ist ganz offensichtlich eine Prostituierte, die hinter dem Mond lebt und noch nicht gemerkt zu haben scheint, dass man heutzutage besser Russisch lernen sollte. Wenn ich ihr erkläre, in welcher körperlichen Verfassung ich bin, wird sie glauben, ich mache mich über sie lustig.

Ich gebe ihr lächelnd zu verstehen, dass ich pleite bin. Sie zuckt die Achseln und beschimpft mich auf Polnisch. Ein reizendes Repertoire von Beschimpfungen und Beleidigungen aus ganz Osteuropa, aus dem ich erfahre, was sie über meine Mutter, über mich und über all meine Vorfahren denkt. Ich schicke sie innerlich zum Teufel, soll sie sich doch selbst fick-ficken.

Bekannte schlendern über den Rynek. Ich begegne einigen Gesichtern aus dem Lager wieder, von Leuten, die ebenfalls beschlossen haben wegzugehen. Sie erzählen mir, dass die Russen das Ruder übernommen haben und sich um die Invaliden kümmern, die im Lager festsitzen.

Es kommen Männer aus Kattowitz und dem Grenzgebiet zu Deutschland. Zwangsarbeiter und Gefangene vor allem. Die meisten der Pyjama-Kommandos, die in den Bergwerken in Oberschlesien eingesetzt gewesen waren, haben sich auf den Weg ins Reich gemacht.

Merkwürdigerweise erinnere ich mich, abgesehen von dem jungen Mädchen aus Block 1, nicht an befreite Frauen. Ich weiß, dass es welche, nicht viele, in Birkenau gegeben hat. Die SS hatte in den Wochen vor der Ankunft der Russen zahlreiche Transporte organisiert. Im Stammlager habe ich keine Mädchen gesehen. Meine Erinnerungen an diese Zeit beziehen sich ausschließlich auf eine Männergemeinschaft. Und auch auf der *Bergensfjord* gab es in meiner Erinnerung keine Frauen.

Damals traf ich jüdische Überlebende des großen Massakers wieder. Wenige und so gut wie ohne Kinder. Diese Überlebenden kamen aus den Lagern und kehrten aus der UdSSR zurück, in die sie während des deutschen Angriffs geflohen waren. Nach dem obligatorischen Aufenthalt in Sibirien waren die Gesunden natürlich in die polnische Armee eingezogen worden, die im Osten aufgestellt wurde; die anderen hatten sich durchgeschlagen, führten ein erbärmliches Leben von einem erbärmlichen Lohn, und im Grunde ging es ihnen nicht besser als den meisten Sowjetrussen.

Die Not, der Krieg und die furchtbare Besetzung durch die Nazis hatten die unendlichen Weiten Russlands und anderer Republiken ins äußerste Elend gestürzt. Auf der Heimfahrt erlebte ich im Bahnhof von Jmerinka mit, wie sich die ukrainischen Bauern gierig auf den kleinsten Fetzen Stoff, auf das geringste Kleidungsstück stürzten, das die Heimkehrer ihnen gegen gepanschten Wodka oder irgendwelche Lebensmittel bereitwillig überließen.

Und die Überlebenden, diese vor dem Krieg »normalen« Menschen, schleppten alle, ohne Ausnahme, eine für gewöhnliche Hirne unwahrscheinliche Geschichte mit sich herum. Jeder Mensch, dem man begegnete, lieferte einen unglaublichen, aber wahren Roman, hervorgegangen aus einem in wachem Zustand durchlebten Albtraum, in der wahnwitzigen Atmosphäre und Szenerie, die von den Hieronymus Boschs des 20. Jahrhunderts ersonnen wurden.

Hier die Geschichte von Srul ... Einem Überlebenden aus dem besetzten Polen.

... Jung, um die dreißig, verheiratet, zwei Kinder, als der Krieg ausbricht. Einer jener zahllosen polnisch-jüdischen Strumpf- und Wirkwarenhändler, von denen es in Warschau so viele gab.

Der Krieg. Die Katastrophe. Die Probleme, die wie Schneeflocken im Winter herabfallen. Ghetto. Seine Frau und seine beiden Kleinen werden auf irgendeinem Umschlagplatz in einen Zug mit unbekanntem Ziel, Treblinka oder ein Massengrab, verfrachtet.

Srul gelingt es, das Ghetto zu verlassen, und er findet gegen Geld Zuflucht weit weg auf dem Land.

Der Krieg dauert. Seine finanziellen Mittel schmelzen dahin.

Eines Tages hört er eine Unterhaltung der beiden Bauern, die ihn beherbergen, mit an. Worüber sprechen diese braven Leute? Über die Kämpfe? Über den vorzeitigen Wintereinbruch? Über die Beschlagnahmungen durch die Deutschen? Nein, sie unterhalten sich ganz ruhig über Sruls Tod. Der Jude hat kein Geld mehr, und sie wollen ihr Leben nicht riskieren; denn sie riskieren es, wenn sie einen Juden umsonst verstecken.

An dem Morgen hat Srul eine geniale Idee.

Er verlässt sein Versteck und erklärt den beiden Bauern:

»Ich weiß, dass ihr mich umbringen wollt. Ich habe euch reden gehört. Aber ich warne euch, ihr werdet euch vor den Russen, die ganz in der Nähe sind, zu verantworten haben. Ihr wisst es nicht, aber ich arbeite für sie, ich bin ein Spion, und ich habe sie davon in Kenntnis gesetzt, dass ich mich auf diesem Bauernhof versteckt halte. Sie werden herkommen, um mich zu holen. Wenn sie mich nicht lebend antreffen, werdet ihr beide erschossen.«

Srul ist bis zur Ankunft der Russen in seinem Versteck geblieben.

Von ihm habe ich diesen Satz, der die Spannungen zwischen manchen Polen und ihren Mitbürgern »mosaischen Glaubens« überaus treffend zusammenfasst: »Wenn du einen unschuldigen Polen und einen schuldigen Deutschen hast, töte zuerst den Polen. So machst du mit Sicherheit nichts falsch.«

Im verschneiten Krakau sah man unter den Überlebenden sehr wenig Kinder.

Im Lager dienten diejenigen, die die Selektion bei der Ankunft überlebt hatten, den »wissenschaftlichen Experimenten« des Doktor Mengele. Es gab nur sehr wenige Ausnahmen, wie Janek.

Janek ... Das ist nicht sein richtiger Vorname.

Bericht über das Leben eines Kindes in einer Welt, in der die Kindheit kein Bürgerrecht hat.

Birkenau ist ein Ort, an dem die Kleinen sterben. Alle! Gleichgültig, ob sie krank sind oder nicht. Alle! Bis auf ein oder zwei Ausnahmen. Hier die Geschichte einer Ausnahme, die Geschichte eines Straßenjungen aus Polen, dem der ein oder andere bisweilen in Birkenau über den Weg gelaufen ist ...

Janek ... Der Zug, der ihn an die Rampe bringt, ist ein brechend voller Transport von Juden, vorübergehenden Überlebenden aus Krakau, Sosnowiec und anderswo. Auswurf. Exkremente. Die Menge ergießt sich auf den Bahnsteig, umfangen von einem muffigen Geruch von Angst, Wut und Wahnsinn. Panik, die Familien werden getrennt: Männer auf die eine Seite, Frauen und Kinder auf die andere.

Die Liebe zerplatzt, der Hass erlischt, die Freundschaften zerbrechen. Jeder ist nur noch ein einsames Atom, das ein Zeichen von Leben, ein Fünkchen Hoffnung sucht. Aber da ist nur ein Bahnsteig, bewaffnete Männer und Wagons, nach denen man sich bereits zurücksehnt, denn solange man noch nicht angekommen war, konnte man in ihnen …

… Die auseinander gerissenen Gruppen ziehen an den SS-Männern vorbei. Und eine Stimme, DIE Stimme, spricht:

»Diejenigen, die von der Reise erschöpft sind, können auf Lastwagen ins Lager fahren. Nach rechts die Müden, die Erschöpften, die Alten, rechts entlang. Richtung: Lastwagen!«

Die Frauen, die Kinder an der Brust tragen oder einen Knirps am ausgestreckten Arm nach sich ziehen, werden zu den Lastwagen dirigiert. Die Tiere aus Metall schnurren am Ende des Bahnsteigs, einladend und friedlich, alles bekannte Marken. Die Deutschen haben gute Fahrzeuge, robust, zuverlässig; und Janek folgt, nachdem er aus dem Zug gestiegen ist, der Menge. Janek ist neun und lebt seit sechs Monaten allein. Seine Eltern hat er auf irgendeinem Umschlagplatz aus den Augen verloren; von seinen Onkeln, die bei einer Massenverhaftung verschwunden sind, hat er keinerlei Lebenszeichen; die Cousins, die in ein unbekanntes Lager verbracht worden sind, schreiben nicht. Der Junge überlebt; Männer und Frauen, denen er zufällig da und dort begegnet, helfen ihm, weisen ihn ab, nehmen ihn auf.

Janek ist neun, und er ist nur noch ein alter Mann, ein hypersensibles und verzweifeltes Häufchen Mensch, dessen Seele fahl ist und der alles weiß; für den es nichts mehr zu lernen, zu fürchten, zu verstehen, zu glauben, zu lieben gibt.

Janek ist neun. Er folgt der Menge, sieht die Lastwagen, biegt nach links ab, um ihnen zu entgehen. Er weiß Bescheid. Der Lastwagen, nicht für ihn. Er ist neun. Er weiß Bescheid. Also nach links, rasch. Die Posten schieben, bremsen die Menge und drängen sie nach rechts. Und Janek findet sich auf der Ladefläche des letzten Fahrzeugs wieder.

Der Konvoi fährt los. Vier Mercedes, vier graue Lastwagen, eine Luxuseskorte, der der grüne Krankenwagen folgt. Und gedeckt vom Motorrad des Lagerführers, einer funkelnden Maschine, die den Zug abschließt und wie ein Glühwürmchen über den gelben Weg zuckelt.

Janek weiß Bescheid, denn er ist neun. Er klettert über die Seitenwand und springt. Er fällt hin und steht unverletzt wieder auf. Der Krankenwagen und das Motorrad bleiben stehen. Der Fahrer, ein SS-Mann, springt heraus und stürzt zu ihm hin.

»Was sind denn das für Manieren? Du magst also unsere Lastwagen nicht? Na, dann steig in den Krankenwagen.«

Der Junge, eingesperrt in den Wagen, den das vom Roten Kreuz gestohlene Zeichen ziert, betrachtet das Motorrad, das in Schlangenlinien hinter dem Konvoi herfährt. Und weil ein neunjähriger Jude an nichts mehr glaubt, gelingt es Janek, die Tür des Wagens zu öffnen und hinauszuspringen.

Das Motorrad hält. Der Junge bleibt vor dem SS-Lagerführer von Birkenau, dem König des Lagers, Seiner Majestät dem Tod, stehen.

»Na, Kleiner! Du hast wohl eindeutig etwas gegen unsere Wagen.«

Der Junge, der in strammer Haltung dasteht, blickt zu den hundertneunzig Zentimetern des großen Bosses, Herrn Schwarzhuber, dem Oberhaupt des Lagers, auf.

Mit zusammengepressten Lippen erwartet Janek das Urteil. Er macht sich keine Illusionen. Im Land des Nirgendwo, in einem Vernichtungslager kennt die Verurteilung keine Altersgrenze. Die Todesstrafe wird nicht ab zwölf, ab sechzehn oder ab der Volljährigkeit verhängt, sondern ist von Geburt an vollstreckbar. Auf der Stelle.

»Bist du denn fähig zu arbeiten? Glaubst du nicht, dass du zu jung bist?«

»Nein, ich kann arbeiten.«

»Und was kann ein kleiner Junge wie du tun? Sag es mir.«

Und der Junge erwidert, immer noch stramm dastehend:

»Na ja, zum Beispiel Stiefel putzen.«

Der SS-Offizier lacht laut auf und hebt Janek auf sein Motorrad.

Als Läufer in die Welt der Pyjamas und der SS-Männer aufgenommen, überlebte der Junge. Nach dem Krieg fand Janek Zuflucht in Paris und gründete eine Familie.

Diese Geschichte hat mir ein Freund aus Kindertagen erzählt, der mit dem ersten Transport aus Frankreich deportiert worden war, fast drei Jahre in Auschwitz verbracht und als menschliches Versuchskaninchen gedient hat und den alle Überlebenden kennen. Ein glaubwürdiger Mann, der im Rahmen seiner Möglichkeiten den französischen Überlebenden geholfen hat, wo er nur konnte, ein Bursche, der das ganze Grauen in der Welt der Konzentrationslager erlebt hat und den ich hier nur bei seinem Spitznamen nenne: Simon-des-cuisines, Küchen-Simon. Nicht zu verwechseln mit meinem Kameraden, mit dem ich über Krakau in die Heimat zurückgekehrt bin.

Und er erzählte mir auch eine Begebenheit, die kein Einzelfall war …

... An der Rampe, bei der Ankunft eines polnischen Transports.

Ungeordnetes Aussteigen der Deportierten in einer Atmosphäre des Todes, der sie, das spüren sie, denn sie sind Männer und Frauen, die aus den Ghettos kommen, schon im nächsten Augenblick treffen wird. Sie wissen sehr genau, was geschehen wird. Nicht zufällig beginnt das Lied der jüdischen Partisanen mit den Worten: »Sag niemals, dass du den letzten Weg gehst ...«

Den herkömmlichen Antisemitismus hatten sie seit Jahrhunderten erlebt. Aber seit Dezember 39 machten sie auf einer irrwitzigen Initiationsreise mit den kollektiven Wahnvorstellungen der Nazis und ihren Folgen Bekanntschaft.

Ein Pyjama wartet zusammen mit den Männern vom Kanada, bis alle Passagiere den Zug verlassen haben, um mit der Reinigung der Viehwagons zu beginnen.

In der Kolonne bemerkt er eine blutjunge Frau, die einen wenige Monate alten Säugling an sich drückt. Neben ihr trippelt eine alte Frau, eine Großmutter.

Für den »Kanadier« besteht kein Zweifel, dass in zwei Stunden von der Babuschka, der Mama und dem Baby nichts mehr übrig sein wird. Die beiden Frauen und das Kind werden nicht weiter als bis zu den Lastwagen kommen.

Ohne zu überlegen, getrieben von einem heftigen Impuls, denn normalerweise mischt er sich nicht in Dinge ein, die ihn nichts angehen, riskierend, auf der Stelle getötet zu werden, wenn ein Posten begreift, was er tut, wendet er sich an die junge Frau und sagt zu ihr:

»Geben Sie mir Ihr Baby einen Augenblick. Allein werden Sie besser laufen können.«

Benommen von der Reise und außer sich vor Angst, gibt die Frau ihm fast mechanisch das Kind, das er sofort der Großmutter weiterreicht.

Die Alte sieht den Pyjama an, sieht den Kleinen an und nimmt wortlos das Baby, drückt es an ihr Herz und flüstert ihm nicht hörbare Worte zu.

Von der Menge umschlossen, von der Flut vorwärts geschoben, entfernt sich die junge Mutter. Sie dreht sich um, versucht umzukehren, aber der Druck ist so stark, dass der Abstand immer größer wird.

Die Spitze der Kolonne teilt sich. »Nach links! Nach rechts!« Und die Frau geht nach links. Die Alte und das Kind nehmen natürlich den Lastwagen.

Ein paar Minuten später taucht der Mann vom Kanada vor der jungen Frau auf, die in der Gruppe eingekeilt ist, die vorübergehend das Recht erworben hat, noch ein bisschen zu leben, und bekommt den schrecklichsten Fluch entgegengeschleudert, den ein Mensch über die Lippen bringen kann, den furchtbarsten Hassausbruch, dem eine Person jemals ausgesetzt war.

Die Mutter wusste Bescheid ... Und sie beschimpfte ihn ... Sie wusste ... dass der Bursche in der gestreiften Häftlingskluft ihr gerade das Leben gerettet hatte; aber ihr Retter war für sie nur ein Dreckskerl, der ihr ihr Baby weggenommen hatte. Für sie war diese Trennung schlimmer als der Tod.

Es kam vor, dass einer der Überlebenden, denen ich begegnete, mir unbedingt das Lager von Plaszow am Stadtrand von Krakau zeigen wollte. Ich dankte ihm. Die Tatsache, dass ich das Stammhaus aller schändlichen Orte des Zweiten Weltkriegs kennen gelernt habe, motiviert mich nicht gerade, als Tourist Orte zu besuchen, an denen nichts als Schatten geblieben sind. Ich genieße ein drückendes Privileg, ein übergenaues Gedächtnis, und ich habe keine Lust zu einer Pilgerreise. Ich brauche sie nicht. Oh, wie angenehm muss es sein, unter Amnesie zu leiden …

Ich bin niemals nach Auschwitz zurückgekehrt. Und werde auch niemals dorthin zurückkehren.

*

März 1945. Krakau.

Der Winter geht zu Ende in einem Wechsel von Schneegestöber und Sonnenstrahlen, bevor der osteuropäische Frühling seine gewaltige Pracht entfaltet.

Der Krieg geht weiter. Jeden Tag machen wir einen Umweg zu einem Gebäude, wo eine Wandzeitung aushängt. Deutschland läuft ein wie ein Stück Stoff in der Wäsche, schrumpft, verliert sein Blut. Aber für die Tausende von Menschen, die im polnischen Galizien in der Warteschleife hängen, ist die Rückkehr nach Westen unmöglich.

Der Rynek ist die reinste Gerüchteküche. Die Russen sammeln die Ausländer in einem unter ihrer Kontrolle stehenden Gebäude, wo diese auf ihre mögliche Rückführung harren. Lügengeschichten.

Und dann wird das Gerücht eines Tages Wahrheit. In einer abgelegenen Kaserne werden die Männer, die auf ihre Rückführung warten, gesammelt.

Test. Erst einmal sehen. Die Gruppe der vier Kameraden präsentiert sich am Eingang. Eintragung in eine lange Liste.

Ich heiße noch immer Souverbielle. Auch diesmal darf man nicht wieder hinaus.

Einmal büxten wir aus und verabschiedeten uns bei der Gelegenheit von der Französischlehrerin, bei der wir zur Untermiete gewohnt hatten. Sie stellte uns eine ihrer Freundinnen vor, eine echte russische Aristokratin, die seit dem Regimewechsel im einstigen Petrograd als Flüchtling in Polen lebte. Simon und ich mussten uns eine heftige Schmährede anhören über die »niederträchtigen jüdischen Frauen, die 1917 den Winterpalast gestürmt und geplündert haben« … Dennoch höfliche Verabschiedung. Ironischer Handkuss. Mich verblüfft noch heute, wie viele Polen diese auf uns vollkommen archaisch wirkende Huldigung praktizierten. Etwas überspitzt kann man wohl sagen, dass es nur zwei Kategorien von Polen gibt, diejenigen, die einem die Hand küssen mit den Worten »*Prosze pana*«, keine Ursache, gnädige Frau, und diejenigen, die nicht zwei Worte sagen können, ohne hinzuzufügen: »*Skourve sinn!*«, Hurensohn.

Die Polen beneiden uns, dass wir nach Frankreich zurückkehren dürfen. Ich verstehe sie.

Wir haben auch bei unseren *Schwestern* vorbeigeschaut, um uns zu verabschieden. Ein Augenblick tiefer Ergriffenheit, als die Nonne, die um ihren Bruder trauert, in Tränen ausbricht, als sie uns zum letzten Mal die Schwelle des Klosters überschreiten sieht.

Rückführungsstelle. Wir sind in einem riesigen Saal untergebracht, wo mit Stroh bedeckte *Coyas* als Schlaflager dienen.

Ob russisch, polnisch, deutsch oder französisch: Eine Kaserne bleibt eine Kaserne – ein normalerweise grauer Ort mit bescheidenem Komfort. Aber wir haben Duschen, und das ist schon viel wert.

Als wir die Kaserne inspizieren, entdecken wir in einer Ecke einen Haufen Munition, mit dem Verbot, sie anzurühren. Die sowjetische Ordnung und Organisation gilt nach wie vor. Was dazu führt, dass ein junger Bursche, ein französischer Kriegsgefangener, ums Leben kommt, weil er mit einer Tellermine spielt, die ihn zerfetzt.

Ernährung: Tagelang bestand unser Mahl aus einem einzigen Gericht: Hirse mit Speck. Wenn das Essen kam, wurde es daher mit einem lauten Gebrüll empfangen, das rasch zu einem Ritus wurde: Die ganze Stubengemeinschaft kletterte auf die *Coya* und ahmte, die geballten Fäuste in die Hüften gestemmt, das Flügelschlagen eines Vogels nach, und alle Männer schrien im Chor: »Piep piep … piep piep!«

Dann wurde die Kost besser. Als ich nach Frankreich kam, hatte ich siebzehn Kilo zugenommen.

Eine andere Zerstreuung: die russischen Flugzeugstaffeln beobachten, die in Kampfformation nach Westen fliegen. Wenn die Maschinen von ihrem Einsatz zurückkommen, zählen wir sie. Es sind stets weniger, als losgeflogen waren.

Ich übergehe die politischen Diskussionen, die die Franzosen spalteten: in bedingungslose Pétain-Anhänger, jene, die in ihm nur einen Verräter sehen konnten und alle Verbrechen der Kollaborateure Laval in die Schuhe schoben, und all ihre Gegner, darunter die Kommunisten mit ihrer kalten Logik. Verbale und leidenschaftliche, ja hitzige Streitereien.

Damals bedauerte ich, dass ein junger Bursche nicht dabei war, mit dem ich befreundet gewesen war, ein gefürchteter Theoretiker der extremen Linken, Henri-Roger K., Gefangener im Fort Montluc, wo er gefoltert worden war; ins Gefängnis Saint-Paul überstellt, war er am Tag der Abreise irrtümlich unserem Transport zugeteilt worden. Er war in den Zwanzigern und ließ deutlich heraushängen, dass er Trotzkist war. Auch er verschwand am 3. Oktober 1944.

Ausflüge in die Stadt sind verboten. Also klettern wir über die Mauer. Die Kaserne zu verlassen ist ein Kinderspiel. Ein gewaltiger Erdhaufen unmittelbar an der Mauer lädt uns förmlich ein, ihn zu ersteigen. Und dann brauchen wir nur noch zu springen.

Das Problem ist die Rückkehr. Die Mauer zu erklimmen, ist unmöglich. Bleibt nur die Lösung, durch das Tor hineinzugehen, vorbei an der freudestrahlenden Wache, die den Wachposten alarmiert, und so landen wir regelmäßig in einer Gefängniszelle. Aber der russische Soldat lässt, absichtlich oder aus Versehen, die Tür unseres Käfigs offen, wenn er geht. Ergebnis? Fünf Minuten nach unserer Verhaftung sind wir wieder bei unseren Kameraden, die auf ihren Strohhaufen ihren Wahnideen nachhängen und rauchen.

Es wird Frühling. Wir erfahren, dass Roosevelt gestorben ist. Deutschland wird immer kleiner und wir immer ungeduldiger. Und dann verlässt eines schönen Tages ein erster Konvoi die Kaserne in Richtung Krakauer Bahnhof. Heimkehr über Russland.

Eines Morgens werden wir vor die Verwaltung der Kaserne zitiert. Einer nach dem anderen ziehen wir an den russischen Bürokraten vorbei und werden in die Liste derer eingetragen, die als Nächste dran sind. Wir werden über die UdSSR heimkehren und in Odessa das Schiff nach Marseille nehmen.

Krakau. Letzte Aprilwoche 45.

Der große Tag ist da. Wir kehren heim. Noch immer ohne Gepäck, wie bei der Ankunft. Nur der Kopf ist schwer. Simon nimmt als Erinnerungsstück eine Jacke aus dem Lager mit.

Und jetzt sind wir am Bahnhof. Ein Detail fällt mir auf, und ich mache Simon darauf aufmerksam.

»Die Russkis werden noch nicht so schnell von hier verschwinden, sieh nur.«

Und ich zeige ihm die Eisenbahnschwellen, wo eine der Schienen versetzt worden ist, damit das Gleis die russische Spurweite hat, die sich von der europäischen unterscheidet.

»Antreten!« Letztes Sammeln. Einsteigen! Viehwagon. Aber in diesem Zug sind die Türen offen, die Eskorte ist nicht bewaffnet, und wir haben genügend Platz.

*

Der Zug rollt.

Ein letzter Gruß an die Schatten, von denen ich nicht gesprochen habe, an die ganze Gruppe junger Männer meines Transports, an die Freiwilligen des Bombenkommandos[45],

45 Das einzige Kommando, das aus »Freiwilligen« bestand, weil man dort nicht geschlagen wurde und man mehr zu essen bekam.

an jene, die ich geliebt, und an jene, die ich gehasst habe, an jene, denen das Glück nicht hold war. Ein Gruß an Roger, der neben dem banalen und alltäglichen Grauen ein zusätzliches Martyrium in Auschwitz durchlebt hatte, weil er sich eine brennende Erinnerung an eine Liebesnacht mit einem Mädchen aus Voiron bewahrt hatte.

Roger ... auch ihn habe ich nie wieder gesehen. Ein Bursche, der die Chiromantie praktizierte und mir aus der Hand »lesend« in Birkenau in der Baracke sagte: »Du hast eine unglaubliche Glücks- und Lebenslinie. Du wirst es überleben.«

Sosehr ich die Astrologen auch hasse, mich über die Kartenleger lustig mache und alles, was die irrationale Vorhersage der Zukunft betrifft, verachte, ich muss doch zugeben, wenn man so etwas hundert, zweihundert Meter von den Gaskammern entfernt hört, hilft das ungemein!

Hinter Lwow, dem ehemaligen Lemberg, verlassen wir endgültig das Gebiet des einstigen österreichischen Kaiserreichs. Jetzt ersteckt sich vor uns, endlos weit und flach, bis zum Horizont die Ukraine.

Elend, Elend, Elend. Die Ebene, die Ebene, die Ebene. Ruinen, Ruinen, Ruinen.

Wir brauchen fast vier Tage bis Odessa, verlieren endlose Stunden, während wir in abgelegenen Bahnhöfen in Käffern mit unaussprechlichen Namen auf eine Lokomotive warten. Ganz wie auf der Hinreise ... als wir auf das Rattern eines Zugs warteten, von dem wir hofften, er möge nie kommen. Jetzt ist es umgekehrt: Je schneller wir auf dem Schiff sind, desto besser.

Und dennoch macht sich tiefe Niedergeschlagenheit unter den Reisekandidaten breit. Denn wovor jeder am allermeisten Angst hat, ist das, was wir vorfinden werden. Wir haben nur ein Ziel, Frankreich wiederzusehen; aber keiner der Reisenden in diesem seltsamen Zug hat die geringste Zukunftsperspektive.

Halt in Jmerinka. Ein Bahnsteig aus Holz, Bahngleise, zwei Baracken als Bahnhof und das Nichts. Hier ist der Krieg durchgezogen.

Zwei Stunden stehen wir dort. Ausflug auf den Bahnsteig. Die Menschen drängen sich um uns herum. Man fühlt sich wie auf einem Markt mit Männern und Frauen, die sich gierig auf alles stürzen, was verkauft wird. Aber wir haben nichts. Ein paar Pyjamas wechseln den Besitzer gegen ein paar Lebensmittel oder etwas Alkohol.

Ein Mann scheint für Ordnung auf dem Bahnsteig zu sorgen. Er ist sehr jung und trägt die Uniform der Roten Armee. Seine *Rubaschka* ist übersät mit Orden. Ein Ärmel seiner Uniform ist leer. Er hat einen Arm im Krieg gelassen. Überraschung: Er spricht uns auf Jiddisch an. Er ist Jude.

Eine Gruppe drängt sich um einen Kameraden, bedrängt ihn. Der Mangel ist so groß, dass selbst eine schäbige Baumwolljacke, stinknormale Häftlingskleidung, für diese Bauern höchst begehrenswert scheint.

Der Mann zögert und wirft dem versehrten Soldaten einen fragenden Blick zu.

Und da fällt ein Satz, der mich zutiefst erschüttert. Wir befinden uns in der UdSSR, bei unseren Befreiern, und plötzlich werden wir in die Vergangenheit zurückversetzt. Der Einarmige wendet sich an den Burschen und sagt zu ihm:

»Gib deine Jacke lieber dieser alten jüdischen Frau, deren

Sohn an der Front gefallen ist, als dem ukrainischen Antisemiten.«

Antisemit! In der UdSSR? Unmöglich. Dieses Wort ist tatsächlich die letzte Ohrfeige, die ich erhalten habe. Eine seelische, aber vielleicht die schmerzhafteste.

Hier hat Simon seine Häftlingskleidung gegen die Flasche Wodka eingetauscht, von der ich bereits erzählt habe.

Der Zug fährt weiter, genauso langsam wie zuvor. Unmittelbar vor Odessa, in einem der Vororte, bleibt er stehen. Aufeinander getürmte Grabsteine scheinen eine Absperrung vor uns zu bilden. Die hebräischen Buchstaben darauf zeigen an, dass es sich um die Stelen der verwüsteten jüdischen Friedhöfe handelt, die uns zu grüßen scheinen. Aber es sind nur Tote aus Granit, die zusehen, wie lebendige Tote vorbeifahren.

Und dann sind wir in Odessa, wo wir aussteigen, um sofort in ein Gebäude gebracht zu werden, das von Männern mit grünen Schirmmützen bewacht wird, der politischen Polizei.

Am nächsten Tag werden wir, noch immer unter Bewachung, in die Stadt gebracht, in eine Art öffentliche Badeanstalt. Während des Fußmarschs durch die ukrainische Metropole entdecke ich eine wunderschöne Stadt. Auf den wenigen hundert Metern, die wir zu Fuß zurücklegen, werden wir von einer Menge bedrängt, die sich in keiner Weise von der in Jmerinka unterscheidet und sich gierig auf alles stürzt, was irgendwie zu bekommen ist. Die Polizisten zögern nicht, einzugreifen und für Ordnung zu sorgen. Nicht gerade zartfühlend, diese Herren!

Rückkehr in unseren Bau. Kontrolle. Einer nach dem anderen ziehen wir an einer Gruppe Soldaten vorbei, die alle sehr jung sind und Französisch sprechen. Aufnahme der Personalien. Fragen nach unserer Vergangenheit. Alles ganz entspannt. Sie haben offensichtlich ihre Anweisungen erhalten.

Wir werden frisch ausgestattet, und ich bin ein neuer Mensch in meiner Sommeruniform der Roten Armee.

1. Mai. Eingesperrt, bekommen wir nichts von den Gedenkfeiern mit, die in der Stadt stattfinden. Am nächsten Tag werden wir an Bord gehen.

*

An Bord der *Bergensfjord.* 10. Mai 1945.

Der schwarze Streifen, der sich in der Ferne abzeichnet und den Horizont markiert, ist die französische Küste.

Zwei kleine graue Marineboote rahmen uns zu beiden Seiten des Hecks ein und geben uns ein kurzes Geleit.

Eine Stadt wird immer größer, kommt näher, wird riesig. Marseille liegt vor uns, zum Greifen nah. Das Schiff macht an einem Kai fest. Auf der Mauer eine Aufschrift in schwarzer Farbe: *Cap Janet*. Da ich Marseille nicht kenne, weiß ich nicht, dass das Cap Janet eine der Anlegestellen des Hafens ist.

Die Reise ist zu Ende. Die *Bergensfjord* liegt vor Anker. Die Decks sind schwarz von Menschen. Alle, die diese Reise glorreich überstanden haben, alle Überlebenden eines langen individuellen und kollektiven Schiffbruchs, alle betrachten diese sehnsüchtig erwartete Stadt.

Wütende Buhrufe ertönen. Die Männer buhen alle einen deutschen Soldaten aus, der auf dem Kai arbeitet. Er trägt auf seiner Uniform die Buchstaben »PG«, die ihn als Kriegsgefangenen ausweisen, und schält, auf seine Schaufel gestützt, seelenruhig eine Frucht.

Am nächsten Tag gehen wir von Bord.

Bus. Er bringt uns zu einem Verwaltungsgebäude, und nachdem wir geduscht und mit einem weißen Pulver namens DDT, einem Desinfektionsmittel, besprüht wurden, gehen wir in einen riesigen Saal.

Wir werden von Männern hinter kleinen Tischen in Empfang genommen. Der militärische Sicherheitsdienst. Verhör. Strenger als bei den Russen. Überprüfung in hölzernen Karteikästen. Wir dürfen unseren Angehörigen ein Telegramm schicken. Das Formular ist schon vorbereitet. Wir müssen nur noch den Namen des Adressaten und unseren Namen angeben. Ich erinnere mich noch an den Text: »Zurück in Frankreich. Gesundheit gut. Komme bald.«

Wem soll ich die Nachricht schicken? Ich weiß nichts von meiner Familie, und da bin ich nicht allein. Ich beschließe, drei Telegramme zu schicken. An meine Eltern, an ihre Vorkriegsadresse in Paris. Und an meine beiden Onkel. Die drei Telegramme kommen tatsächlich an.

Die Formalitäten werden abgeschlossen mit der Aushändigung eines Reisescheins für den Zug und eines kleinen Geldbetrags.

*

Marseille. 11. Mai 1945.

Die Gruppe der Kameraden bricht auseinander. Henri und Armand machen sich dorthin auf den Weg, wo sie Angehörige oder Freunde zu finden hoffen. Wir machen bestimmte Treffpunkte aus, für den Fall, dass wir uns wieder sehen wollen.

Simon und ich fahren nach Paris weiter. Dort habe ich die größten Aussichten, einen der Meinen wieder zu finden, falls es noch jemanden gibt.

Marseille. Saint-Charles. Wagen dritter Klasse.

Eine lange Reise beginnt, die achtzehn Stunden dauern wird. Eine Reise, die in jedem Bahnhof von Männern und Frauen unterbrochen wird, die sich auf den Bahnsteigen drängen: Arles, Avignon … Angsterfüllte Menschen, die nach einem Vermissten suchen und alle Züge abpassen, die Heimkehrer zurückbringen. Und immer das gleiche Foto in der Hand und immer der gleiche Hoffnungsschimmer in den Augen und immer die gleiche Frage: »Kennen Sie diesen Mann, diese Frau?« Auf den Fotos, die sie zeigen, sind normale Menschen zu sehen, Gesichter mit vollen Wangen, Köpfe mit Haaren. Wir erinnern uns nur an leere Gesichter, rasierte Schädel, Augen ohne Hoffnung.

Nach Valence lasse ich mich nicht mehr blicken.

*

Paris. 12. Mai 1945.

Der Zug fährt durch die Außenbezirke von Paris. Sieh an, wir fahren über Juvisy, nicht über Villeneuve-Saint-Georges.

»Sie werden noch nicht alle Gleise repariert haben«, bemerkt Simon.

Gare de Lyon. Auf dem Bahnsteig eine riesige Menschenmenge. Ich gehe sehr schnell.

Niemand erwartet mich. Eine Krankenschwester vom Roten Kreuz spricht mich an. Ein Mann, der eine *Rubaschka* und eine Feldmütze trägt, die der Sowjetstern ziert – das Geschenk eines Soldaten –, fällt zwangsläufig auf.

Das Mädchen lächelt und fragt:

»Heimkehrer?«

»Ja.«

»Deportierter? Gefangener?«

»Deportierter.«

»Haben Sie jemanden in Paris?«

»Weiß ich nicht. Ich gehe zu meiner früheren Adresse. Bald werde ich mehr wissen.«

»Auf jeden Fall müssen Sie ins Hotel Lutétia, Boulevard Raspail, gehen, das ist die Betreuungsstelle für die Deportierten.«

»Ich werde morgen hingehen. Zuerst möchte ich wissen, ob ich noch ein Zuhause habe.«

Sie winkt mir zum Abschied und geht zu einer anderen Gruppe.

Meine Eltern hatten mein Telegramm tatsächlich erhalten, und mein Vater hat in der Menschenmenge im Gare de Lyon auf mich gewartet. Er hat mich nicht gesehen oder nicht erkannt. Ein ewiges Missverständnis zwischen Vater und Sohn … Wir haben stets Zuneigung und Respekt füreinander empfunden, aber wir haben es nie geschafft, miteinander zu sprechen und uns nahe zu kommen. Und wir haben uns wieder verpasst. Jetzt weiß ich, dass ich wirklich zurück bin …

Metro. Heilloses Durcheinander. Ich bin an Paris, das ich im Juni 1940 verlassen habe, nicht mehr gewöhnt.

Die Leute sehen mich an, fragen sich, wer dieser merkwürdige Reisende ist, der eine Uniform trägt, die nichts mit derjenigen der GIs und Engländer zu tun hat.

An der Station Strasbourg-Saint-Denis steige ich aus, wir wohnen in der Rue Beauregard, und auf dem Boulevard zögere ich vor dem monumentalen Tor, um mich wieder zurechtzufinden.

Ich laufe die Anhöhe hinauf, die sich über dem Boulevard erhebt, und erkenne die alten Häuser des Viertels wieder. Nichts hat sich verändert. Die Pornobuchhandlung in der Rue de la Lune, der Laden von Joseph, dem Friseur, und die beiden Bordelle sind immer noch da, aber sie ziert ein Schild, auf dem in Englisch steht: »*Off limits!*«

Da ist das Mietshaus, in dem ich bis zu meinem Exodus gewohnt habe, gegenüber der Kirche Notre-Dame-de-Bonne-Nouvelle. Gute Nachricht, schlechte Nachricht ... Ich werde es gleich wissen.

Ich klopfe bei der Concierge. Habe eine trockene Kehle. Die Portiersfrau hat sich nicht verändert. Sie sieht mich an, erkennt mich nicht. Ich stelle mich vor. Sie schenkt mir ein Lächeln. Fragen.

»Meine Eltern ... meine Schwester ... Sind sie da?«

»Ja.«

»Sind sie über mein Kommen informiert?«

»Ich habe ihnen heute Ihr Telegramm gebracht. Ihre Mutter hat mir gesagt, dass Sie jeden Augenblick kommen würden.«

Ich gehe die Treppe hinauf. Dritte Etage. Ich bin da.

Kurzes Zögern. Ich läute.

Ich höre die Stimme meiner Mutter und ihre trippelnden Schritte.

»Sieh an, der kleine Jojo ist da.«

Der kleine Jojo ... Damit bin nicht ich gemeint, das ist der Kosename für einen meiner Cousins, einen siebenjährigen Jungen, der ebenfalls Joseph heißt. Aber diesmal läutet nicht der kleine Joseph, sondern einer, der für ihn und die anderen ein Unbekannter ist, ein Gespenst aus Fleisch und Blut, ein junger Mann von einundzwanzig Jahren, der zehn Jahrhunderte Erinnerungen mit sich herumschleppt.

Die Schritte verstummen. Die Tür geht auf.

*

Und dann?

Meine Mutter hat ein normales Bett für mich bezogen, mit Bettgestell, Matratze, Decken, Kopfkissen. Mein Körper hat ein solch weiches Lager natürlich nicht ertragen, und ich habe mich auf den Fußboden gelegt. Es hat eine Weile gedauert, bis ich wieder anders schlafen konnte.

Und meine Reisegefährten?

Henri ist nach Paris zurückgekehrt, aber ich habe sehr rasch jede Verbindung zu ihm abgebrochen. Immer auf der Lauer, hinter allem her, was sich irgendwie verwerten ließ, gelang es ihm nicht, sich der neuen Situation anzupassen. Er geriet auf die schiefe Bahn.

Armand habe ich drei- oder viermal wiedergesehen. Seine Schwester ist aus der Deportation zurückgekehrt, der Rest seiner Familie nicht. Ein sympathischer Bursche, aber plötzlich hatten wir uns nichts mehr zu sagen. Wir hatten eine kurze und sehr harte gemeinsame Vergangenheit, aber nichts, woraus wir Bande für die Zukunft hätten knüpfen können.

Simon? Natürlich haben wir uns wiedergesehen.

Eingeladen bei meinen Eltern, unterhielt er sich lange mit ihnen. Er machte einen zutiefst verstörten Eindruck auf mich, ich hatte eine intakte Familie, er hatte nur Schatten. Eine Familie … Damals ein Wunder. Und plötzlich sahen wir uns nicht mehr. Ich ging zu ihm, er wohnte in der Rue de Lourmel, im 15. Arrondissement. Der Concierge des Mietshauses sagte mir, er sei ausgezogen, ohne eine Adresse zu hinterlassen. Ich habe ihn nie wieder gesehen. Verschwunden …

Und was mich betrifft, ich bin in der Woche darauf in die Rue Saint-Denis gegangen und habe meine erste Stunde in *Fick-ficken* à la française genommen. Jetzt war der Krieg wirklich vorbei, ich war nicht mehr unberührt.

Und das Leben ging weiter. In den folgenden Tagen schleppten meine Cousins mich in einen Tanzschuppen, das Coliseum, in der Rue de Rochechouart. Ich war umgeben von jungen Burschen und Mädchen, anständig gekleidet, mit sorgfältig frisierten Haaren und, trotz der Lebensmittelrationierung, die noch immer nicht aufgehoben war, vollen Wangen. Ein Orchester spielte abwechselnd südamerikanische Musik, Swing und Musette. Paare bildeten sich, legten die Arme übereinander. Ich hielt mich abseits, unfähig, mich unter sie zu mischen. Ein Mädchen aus der Gruppe nahm mich bei der Hand.

»Komm, tanz einen Tango mit mir.«

Während der Besatzung waren Tanzveranstaltungen in Frankreich verboten. Sogar der Tanz fand im Untergrund statt.

Mir kam das alles irreal vor, diese Männer, diese Frauen, diese Paare, die, während sie tanzten, die Gesten der Liebe mimten, dieses Orchester, das dem Vergnügen an der Begegnung seinen Rhythmus verlieh. Mein Kopf war voll gestopft mit explosiven Bildern, deutschen Militärmärschen, die beim Ausrücken und bei der Rückkehr der Kommandos gespielt wurden, und ich fragte mich, was ich in dieser Höhle eigentlich zu suchen hatte. Auch in dieser Hinsicht brauchte ich eine Lehrzeit, um mich an die Annehmlichkeiten der Friedenszeiten zu gewöhnen.

Ich trat meiner Tänzerin auf die Füße. Sie lächelte. Ein Lächeln ... Ja, der Krieg war vorbei.

Ich könnte weiter von Menschen berichten, denen ich begegnet bin, die für einen kurzen Augenblick in mein Leben getreten sind, von Menschen, die ich niemals vergessen habe, und müsste den Bericht über die Befreiung von Auschwitz nicht unbedingt an dieser Stelle abbrechen. Ich könnte leicht von dem Tag erzählen, an dem wir an den Aufräumungsarbeiten im Block der Schneider teilnehmen mussten. Das Gebäude war von einer russischen Bombe zerstört worden, die während eines Angriffs der Sowjets abgeworfen worden war und ihr Ziel (außerhalb des Lagers) verfehlt hatte. Trümmer, Fetzen von Menschen ...

Aber erinnern, ohne zu reflektieren, ist sinnlos. Wenn man dem zum Schlachten bestimmten Viehbestand in einem Schlachthof für das fabrikmäßige Schlachten von Menschen angehört hat, ist man verpflichtet, sich nachträglich über Henker und Opfer Gedanken zu machen.

Welche Schlüsse lassen sich aus dieser Tragödie ziehen?

Erstens, in Oberschlesien, in diesem Totenhaus namens Auschwitz-Birkenau, hat die Geschichte der Juden ihr Ende gefunden, diese gewaltige Saga des Volkes der Gläubigen. In Wirklichkeit ein Geistervolk, denn die Juden haben nie existiert. Es hat in der Geschichte nur SS-Männer und ihr Gegenteil gegeben. Und diejenigen, die man Juden nennt, sind nichts als dieses Gegenteil.

Aber es ist am Ende, dieses Gegenteil, es ist erledigt, dieses fromme Volk. Abgeschlossen das Epos dieser unbeugsamen Menschen, die aufrecht zu sterben wussten und ihre Überzeugungen nicht verrieten. Menschen, die nicht um Gnade flehten mit dem Ruf auf den Lippen: »Höre, Israel! Der Ewige ist unser Gott, und der Ewige ist einzig!« ihrem elenden Tod entgegengingen. Diese Menschen brannten, von allen im Stich gelassen, im Herzen Europas, dem Europa des 20. Jahrhunderts.

Und das Haus Jakob soll ein Feuer werden
Und das Haus Joseph eine Flamme …

Dieses Volk, diese Hand voll Menschen, die das Blut heiligt, das aus ihren Millionen Wunden rinnt, dieses Volk, gesalbt mit seinen Tränen, geläutert durch seinen unverbrüchlichen Glauben, sein unerschütterliches Festhalten an seinem Gott, hat seine Reise im fauligen Morast Osteuropas beendet.

Ja, die Odyssee ist beendet.

Die Juden waren das Wort, das Gesetz.

Das Schwert und die Stärke blieben das Vorrecht der SS.

Die einen sprachen von Wissenschaften, die anderen antworteten mit Wahnvorstellungen, Scheiterhaufen und waren nur Schreie und Gebrüll. Die einen beteten, die anderen defilierten, schmückten sich mit Orden, töteten einander, gratulierten sich, feierten sich und glaubten nur an den Führer, der befahl; während diejenigen, die den Himmel anflehten, nur den Herrn gelten ließen, der lehrte.

Im Lager bestand dieses Volk, dem es nicht um die »Ehre« der Krieger ging, sondern das zutiefst von der Würde des Gerechten durchdrungen war, nur noch aus menschlichen Fackeln. Ja, jeder Körper, der in einem Verbrennungsofen, in einer Grube in Flammen aufging, jede Flamme von Auschwitz löschte einen Stern am Himmel aus.

Von nun an wird es finster sein auf Erden, stockfinster.

Diese Menschen machten Bekanntschaft mit den Scheiterhaufen, und durch ihren Tod brennt die Welt ringsum weiter. Das Feuer wird um sich greifen, sich ausbreiten, den ganzen Planeten überziehen.

… aber das Haus Esau Stroh;
Das werden sie anzünden und verzehren,
Dass dem Hause Esau nichts übrig bleibe …

Auschwitz war erst der Anfang. Andere sollten folgen: Hiroshima, Nagasaki und …

Durch die Schuld der SS-Männer aller Jahrhunderte hatten die Juden ein tragisches Schicksal, doch sie waren ein freies Volk. Die Freiheit besteht darin, sich zum Leben zu bekehren, ja, sich zu jeder Stunde, in jeder Sekunde zum Leben zu bekehren und nur zu ihm. Das ist die Hoffnung … Selbst in Auschwitz, unterhalb der Menschlichkeit, im Nie-Gesehenen, im Un-Möglichen triumphierte man auf diese Weise über das Feuer, als die Verzweiflung selbst verzweifelte und sich in Nichts verwandelte, denn dann konnte man wieder geboren werden.

Die SS ist historisch gesehen tot, aber sie hat auf andere Weise gesiegt. Sie hat gesiegt, weil die Tränen der Kinder jenseits einer gewissen Grenze zum Kampf zwingen. Der Schrei des Warschauer Ghettos hat die Träumer in Wölfe verwandelt; der Bruch wird von den Historikern genau datiert: Ostern 1943. Die Schlächter haben triumphiert, indem sie den Geist in Wilna wie auch in Saloniki, Budapest, Prag töteten. Sie haben gesiegt, weil sie die Überlebenden gezwungen haben, in die Welt zurückzukehren, wieder ein normales Leben aufzunehmen, und dadurch wurden die Juden wässrig: geschmack-, geruch- und farblos.

Die SS hat gesiegt, weil die Juden nach Auschwitz dem allgemeinen Konformismus assimiliert und durch Staatsangehörigkeit, Glaubenswechsel oder Eretz Israel uniformisiert werden sollten; und daher setzt das Lager einem vierzig Jahrhunderte umspannenden Epos ein Ende. Aber der

Sieg des Schwarzen Ordens beruht vor allem auf der Tatsache, dass er den Mord relativiert, aus dem Morden eine Statistik gemacht, die Folter, das kollektive Verbrechen banalisiert und den globalen Tod, den der Menschen und ihrer Kultur, erfunden hat. Und das werden die Menschen nicht vergessen, das gefällt ihnen! Zu gut! Allzu gut! Man braucht sich nur die täglichen Nachrichten anzusehen …

*

Und für mich?

Hier, was ich in *La Gare sans nom*[46] schrieb:

> Wir sind alle gestorben im Lager, alle. Ein Überlebender ist nur eine Erscheinung, eine Illusion mit menschlichem Gesicht, das weiterhin fickt, isst, arbeitet, denkt. Wie ein abgestorbener Zahn. Er ist tot und übt weiterhin seine Funktion aus, Beißen, Verschlingen, aber im Innern ist er hohl, leer …

Es war nur in Auschwitz möglich, im Alltag zugleich zu leben und zu sterben, und jeder Deportierte hat diese widersprüchliche und verworrene Mischung aus Lebens- und Todestrieben unabänderlich verspürt, die die »Befreiten« niemals zu vergessen vermochten. Das Gedächtnis der Überlebenden ist krebskrank geworden, weil es nur noch unsterbliche Zellen enthält, diejenigen der dauerhaften Erinnerung. Das Rezept hat nicht gewirkt, kann nicht wirken im Gehirn eines Menschen, der in Auschwitz gewesen ist.

46 Wörtlich: Der Bahnhof ohne Namen.

Ich hasse das berühmte »Verzeih, auch wenn du nicht vergisst«, diese Pfadfindernaivität, die Pseudogroßzügigkeit, die manche erfunden haben und die in den Ohren schmerzt. Um zu verzeihen, muss man zuerst vergessen. Aber diejenigen, die im Lager gewesen sind, kehren Nacht für Nacht dorthin zurück. Was verzeihen? Den Tod der Kinder? Der Alten? Der Frauen? Jener, die dachten, und jener, die schöpferisch arbeiteten? All jener, die sich weigerten, sich der germanischen Mythologie, dem absoluten Schwachsinn des Nazismus und seiner rassistischen Verblödung zu unterwerfen? Der Menschen, die meinten, sie hätten das Recht zu lieben und die Welt so zu sehen, wie es ihnen gefällt? So unmöglich das Vergessen, so unmöglich die Amnestie!

Kürzlich war ich in einer psychiatrischen Klinik, um eine Freundin zu besuchen, die dorthin eingewiesen worden war.

Und da, in einem ruhigen Park, wurde ich jäh ins Lager zurückversetzt.

Die Männer und Frauen, die in dieser Klinik behandelt wurden, hatten alle den Blick derer, die ich im Lager kennen gelernt habe. Sie waren nicht bei sich – und auch nicht bei den anderen.

Natürlich waren sie keinen körperlichen Misshandlungen ausgesetzt und waren, da sie ausreichend zu essen bekamen, keine wandelnden Gerippe. Außerdem machte das Krankenhauspersonal einen warmherzigen Eindruck. Nein, sie waren lediglich von der Außenwelt abgeschnitten (obwohl die Klinik als fortschrittlich gilt und das Gelände nicht durch Gitterzäune oder Mauern abgeriegelt ist) und von sich selbst abgetrennt.

Als ich sie sah, begriff ich ganz plötzlich, dass alle Überlebenden der Lager Schizophrene waren. Wobei ich schizophren im etymologischen Sinn verstehe, als »gespaltene Persönlichkeit, zerbrochene Seele«. Mit einem Zusatz, denn alle »Gespenster«, alle, die zurückgekommen sind, sind in gewisser Weise Autisten. Auschwitz lebt intensiv in jedem von uns weiter und hält uns in unserer Isolation mit der »gespaltenen Persönlichkeit« gefangen, als befänden wir uns in einer riesigen durchsichtigen Blase. Unsere Worte, unsere Klänge, unsere Sinneseindrücke, unsere Gefühle sprudeln in unseren Köpfen, verlassen die Hülle nicht und kehren als Echo zu uns zurück, das stets nur wir allein hören.

Alle, die durch die Lager gegangen sind, haben dieses Abreißen des Kontakts mit der Wirklichkeit kennen gelernt. Bis man zum »Muselmann« wurde, ging das Leben biologisch weiter, wenn auch ruckartig, abgehackt; aber die Wahrnehmung der eigenen Person und der anderen war nicht mehr dieselbe.

Die Menschen, die ich in der Klinik sah, gingen im Park umher, aber stets allein. Ich bin keinem einzigen Paar begegnet. Und diese einsamen Spaziergänger sprachen mit sich selbst, ohne dass auch nur der leiseste Ton zu hören gewesen wäre. Und sie, hörten sie sich selbst?

An dem Tag glaube ich verstanden zu haben, warum so viele Überlebende Jahre später Selbstmord begingen. Ihr Tod war nur aufgeschoben worden. Sie kamen mit der Unmöglichkeit, ihre Erfahrung den anderen mitzuteilen, nicht zurecht. Und nur mit sich selbst zu sprechen führt zwangsläufig zur Selbstzerstörung. Der Tod dieser Deportierten ähnelt übrigens merkwürdig dem, der ihnen im Lager erspart geblieben ist.

Émilienne Barberon, eine deportierte Widerstandskämpferin, Sekretärin von Benoît Frachon, dem ehemaligen Führer der CGT[47], starb im Januar 1980 *den freiwilligen Hungertod*.

Primo Levi hat sich 1987 in seinem Geburtshaus in Turin den Treppenschacht hinunter *ins Leere gestürzt*. Wie diejenigen, die sich gegen den unter Hochspannung stehenden Stacheldraht warfen.

Die Mutter von Art Spiegelman, eine ehemalige Deportierte, hat 1968 *Selbstmord begangen*.

Bruno Bettelheim hat seinem Leben 1990 ein Ende gesetzt, indem er sich mit einer über den Kopf gestülpten Plastiktüte *erstickte*.

Ganz zu schweigen von den Todesanzeigen in der Zeitung, in denen man liest, dass ehemalige Deportierte darum gebeten haben, *eingeäschert* zu werden, aus Solidarität mit ihren getöteten Kameraden.

Etcetera.

Etcetera.

Etcetera.

Ich glaube, dass meine Mutter die siderische Leere, in der die Deportierten gelebt haben, vorausgeahnt hat. Bis zu ihrem Tod 1972 feierte sie meinen Geburtstag zweimal im Jahr, am 10. August meinen offiziellen, den Tag, an dem sie

47 Confédération Générale du Travail, größter Gewerkschaftsverband Frankreichs.

mich zur Welt gebracht hat, und am 27. Januar den Tag meiner »Befreiung«, an dem ich die Welt verlassen habe. Sie stellte mir niemals Fragen, sondern hörte mir, die Augen halb geschlossen, stumm zu und nahm meine armseligen alltäglichen Worte in sich auf, wenn ich ihr von dieser Zeit meines Lebens erzählte, in der ich in der »Verzweiflung, die sich in Nichts verwandelte«, lebte, »um versuchen zu können, wieder geboren zu werden«.

Ich grüße euch, Schatten!